MENEZ L'ENQUÊTE !

10 énigmes au Moyen Âge

Clémence E. Beaufort

Menez l'enquête !

10 énigmes au Moyen Âge

MARABOUT

Introduction

Le Moyen Âge est une des époques historiques préférées des Français. Qu'existe-t-il donc dans cette longue période de presque mille ans qui fascine tant ?

D'abord, son extrême diversité. En effet de 500 à 1500 environ, tant de rois, tant de papes, tant de lois, tant de modifications de vie se sont succédé. Mais que penser du Moyen Âge, au vu des théories parfois si dissemblables : période faste et heureuse ou sombre et sanguinaire ? Un peu des deux. Le Moyen Âge est une période de grande vitalité, de foi intense, de respect de la nature, non pas par bonté d'âme, mais parce qu'on sait que l'on en vit et qu'elle est de loin la plus forte, d'autant qu'on n'en comprend pas les lois. C'est une période de fêtes : on aime rire, manger, chanter, danser, boire. Sans doute parce que l'on a conscience que la vie est très courte et que la mort reste en embuscade. Dix pour cent des adultes parviennent à l'âge de 60 ans contre 97 % de nos jours. La moitié des enfants seulement atteint l'âge de 5 ans. Une large fraction de la population est esclave (serfs). Les épidémies dévastatrices succèdent aux famines ou aux guerres, presque chroniques. La dénutrition est généralisée. Le confort, la sécurité sont presque inexistants pour la plupart des gens.

Mais l'Homme croit, veut, fait. L'Homme se sent la force de tout entreprendre. Peu importent les efforts, les déconvenues, les sacrifices et même la souffrance : seul le but à atteindre compte. Qui, de nos jours, se mettrait en tête de construire une cathédrale tout en sachant qu'elle ne verra pas le jour avant un ou deux siècles ? Qui se briserait les doigts à tailler, sculpter pierre à pierre une tour, une basilique, un souterrain ? Il existe une extraordinaire grandeur, une magnifique générosité, un courage époustouflant dans le Moyen Âge, dans ces hommes et femmes inconnus, nos ancêtres, qui l'ont fait.

C'est donc une époque à la fois magnifique et fascinante, regorgeant de curiosités, d'interrogations, de découvertes, une époque riche d'enseignements mais dure aussi.

L'Homme est l'Homme. Se mêle en lui le meilleur et le pire, jadis comme aujourd'hui : meurtres, jalousie, cupidité, perversité font partie de ses vices. Ces nouvelles en sont la preuve et vous en êtes les enquêteurs et les justiciers.

Bienvenue au Moyen Âge !

Brève chronologie du Moyen Âge

Le Moyen Âge est une période très longue et assez hétérogène.

On le fait en général débuter en 476, date de l'assassinat du dernier empereur romain d'Occident. Toutefois, d'autres historiens optent pour la date de baptême de Clovis (environ 466-511) de la dynastie mérovingienne. La date de ce baptême est incertaine : entre 496 et 504.

On sépare en général le Moyen Âge en deux sous-périodes, mais là encore, les « bornes » peuvent varier un peu en fonction des événements pris en compte : le haut Moyen Âge de 500 à 987, et le bas Moyen Âge de 987 à 1450-1500. En effet, certains font remonter la fin du Moyen Âge à la mort de Charles VII en 1461, d'autres à la mort de Charles VIII en 1483, sans héritier, donc à la montée sur le trône de Louis XII.

Le règne des Mérovingiens s'entend de 481 à 751 avec des rois qui sont restés dans les mémoires comme Clovis, bien sûr, Dagobert et Charles Martel, père de Pépin le Bref et grand-père de Charlemagne.

La dynastie carolingienne commence donc avec Pépin le Bref, en 751 et dure jusqu'en 987. Parmi les rois ou empereurs marquants, citons : Pépin le Bref, Charlemagne, Louis Ier le Pieux, et Charles II le Chauve.

La dynastie capétienne suit de 987 à 1328 avec le début du règne d'Hugues Capet. Philippe II Auguste, Louis IX (Saint Louis) et Philippe IV le Bel seront sans doute les souverains les plus marquants de cette époque.

La période « Valois directs » – une branche indirecte des Capétiens – s'étend de 1328 à 1498 et verra le règne Jean II le Bon et de Charles VII le Victorieux.

Le Moyen Âge est terminé. Suivra la dynastie Valois-Orléans avec Louis XII.

Charité bien ordonnée

† Les prémisses

Blanche, dix-huit ans, semainière[1] affectée au ramassage du petit bois, chantonnait en amassant brindilles et branches tombées. Elle les nouerait ensuite en un épais fagot qu'elle traînerait à l'aide d'une sangle en chanvre jusqu'à l'abbaye du Bon-Sauveur où elle était jeune moniale.

Comme elle se sentait bien entre ces murs ! L'abbaye de bernardines, riche et puissante, s'étendait sur des centaines d'hectares. L'enfance de Blanche s'éloignait maintenant à la manière d'un détestable cauchemar. Elle n'avait jamais été heureuse avant d'entrer au couvent. Dernière rejetonne d'une fratrie de quatorze enfants, une autre fille, elle représentait une charge qu'il allait falloir doter et marier. On se serait donc volontiers passé d'elle. De plus, Blanche avait conscience qu'elle était tout sauf jolie avec sa silhouette maigre, ses cheveux fins et jaune orangé, son nez trop long et ses yeux plus que quelconques. Ses frères l'avaient surnommée « la laideronne à triste figure ». Le fait qu'elle fût bonne, intelligente et dévouée n'y changeait rien. Lorsque sa mère avait soupiré pour la millième fois : « Mais qu'allons-nous faire de toi, ma pauvre ? Peut-être le service chez un de tes frères ? Tu t'occuperas de ses enfants », Blanche, qui n'avait aucune envie de continuer à subir les brimades et les humiliations de ses frères et sœurs, avait sauté sur l'occasion :

1. Sœur qui était chargée d'une tâche particulière durant une semaine.

– J'aimerais, ma mère, entrer au monastère avec votre permission. Les bernardines du Bon-Sauveur ne demandent qu'un petit pécule aux filles de la bourgeoisie. En échange, je servirai durant quelques années, puis deviendrai novice avant de prononcer mes vœux.

La solution avait satisfait ses parents, peu fâchés de se débarrasser d'elle.

Les choses avaient été beaucoup plus rapides que ne l'avait supputé Blanche. Sa vivacité d'esprit, son assiduité, sa foi et son extrême bonne volonté avaient vite séduit quelques sœurs qui s'en étaient fait l'écho auprès de Catherine de Milorand, leur mère abbesse. Moins d'un an après son arrivée, elle avait été admise au noviciat, puis, seize mois plus tard, comme moniale.

Blanche aimait beaucoup ses sœurs, même celles que l'on pouvait qualifier « d'un peu revêches », comme la sacristaine[2], Agnès, ou la chambrière[3], Hermione, ou la pitancière[4], Marie-Bernadette. Cette dernière passait son temps à grommeler, à pester, certaine que nulle autre n'accomplissait sa tâche aussi parfaitement qu'elle.

Blanche vénérait leur mère abbesse, Mme de Milorand, parée de toutes les vertus à ses yeux. Veuve encore jeune et sans enfant, Catherine de Milorand avait pris la tête de leur congrégation sept ans plus tôt pour le plus grand bénéfice de toutes et des populations environnantes. Mme de Milorand

2. Sœur chargée du mobilier liturgique, du fleurissement des autels, des reliques.

3. Sœur chargée du linge et des vêtements.

4. Sœur chargée des cuisines et de l'organisation des repas.

ajoutait à l'intelligence et à la culture un robuste sens des affaires. Femme charitable, on ne la bernait pourtant pas aisément. Elle pouvait envoyer paître vertement un mauvais payeur ou un mendiant professionnel, voire un seigneur local dont l'arrogance lui déplaisait. Cependant, elle avait doublé en quelques années le volume de leur devoir d'écuelle[5] lorsque les famines et les épidémies menaçaient les paysans alentour. La cellérière[6], Berthe, s'était d'ailleurs indignée de ce qu'elle considérait comme une libéralité excessive.

Blanche voyait leur monastère tel un phare, illuminant la nuit profonde et inquiétante grâce à leur mère. L'énergie, la bienveillance et l'autorité de celle-ci avaient attiré les dons, les héritages, les privilèges, et propagé leur réputation bien au-delà des frontières de leur comté. L'abbaye comptait maintenant 250 moniales, 50 novices, et plus de 300 serviteurs laïcs sur ses terres.

Blanche soupira de contentement en évaluant le tas de branchages. Bandant ses muscles, elle tira sur la sangle de chanvre. Lorsqu'elle parvint devant la porte extérieure des cuisines, elle était en nage malgré la fraîcheur de l'après-midi. Elle aimait l'ambiance fébrile de l'immense cuisine. Tous allaient, venaient, s'activaient afin de préparer le repas. Un détail la troubla pourtant. Ce jour-là, un brouhaha l'accueillit, les ordres volaient, des serviteurs laïcs se houspillaient et un rire de femme surnagea. Blanche comprit vite la raison de cette bonne humeur générale : la pitancière, sœur Marie-Bernadette, était absente. En effet, celle-ci

5. Obligation de donner à manger aux plus pauvres.

6. Sœur chargée de la gestion de l'abbaye.

faisait régner une sorte de terreur en cuisine, au point que ses aides optaient pour le mutisme. Blanche rejoignit une jeune semainière de cuisine, une novice du nom d'Adèle et s'enquit :

– Notre pitancière n'est point céans ?

– Non… Je l'ai cherchée partout… Vous me voyez bien embarrassée, ma sœur… J'ai dû prendre la direction de la préparation de notre repas du soir… en espérant vivement ne point commettre d'impair.

– Sans doute a-t-elle été appelée… peut-être par notre mère, suggéra Blanche.

– Peut-être… Je souhaite qu'elle revienne vite…

Blanche comprit que la timide Adèle était affolée à la perspective d'une bévue qui lui vaudrait les foudres de Marie-Bernadette.

– Que désiriez-vous, ma sœur ? s'enquit la jeune fille, inquiète.

– Savoir où je devais remiser le petit bois qu'elle m'a commandé hier.

– Je l'ignore… Le mieux est d'attendre son retour.

Comme chaque soir, le repas fut servi après vêpres, à la nuit tombée. Adèle s'était démenée pour que tout fût parfait. Néanmoins, personne n'avait revu Marie-Bernadette depuis le souper[7] de midi.

---

7. Au Moyen Âge, tous les repas s'appelaient « souper », puisqu'on mangeait de la soupe à tous (sauf autour des tables prestigieuses). Seul notre petit déjeuner se nommait alors « déjeuner ».

À l'issue du repas, Blanche osa se porter au-devant de la mère abbesse qui dînait en compagnie des discrètes[8] sur une estrade faisant face aux longues tables de ses filles. Très intimidée, elle balbutia en se pliant en révérence :

– Madame ma mère, euh… nous sommes inquiètes pour notre bonne sœur pitancière que nous n'avons pas revue depuis le midi, en dépit de nos recherches…

– Que me dites-vous ? Enfin… cela ne se peut ! Marie-Bernadette est si vigilante, si attentive à sa charge… Un malaise, peut-être.

Se tournant vers sa fille grande prieure[9], Clotilde Barnabé, une femme costaude aux impressionnants sourcils broussailleux, dont les ans n'avaient en rien diminué la vigueur, elle ordonna :

– Ma chère bonne… Appelez au service une dizaine de serviteurs laïcs. Qu'ils cherchent et découvrent Marie-Bernadette… nous ne pouvons…

Un hurlement l'interrompit net. Edwige, la sœur gardienne des poulaillers et des viviers, fit irruption dans l'immense salle de réfectoire et se rua vers sa mère, le visage inondé de pleurs. Blanche se fit la réflexion que personne n'avait remarqué l'absence d'Edwige à table, tant elle était transparente.

– Ah, Dieu du ciel ! Ah, mon Dieu ! Elle est mooorte !

On s'empressa de soutenir la frêle moniale en pleine crise de nerfs et qui menaçait de tomber en pâmoison.

---

8. Au nombre de six, elles occupaient les postes les plus importants d'une abbaye et formaient un conseil des sages chargés d'aider l'abbesse.

9. Seconde de l'abbesse.

– De grâce, de grâce, Edwige, expliquez-vous, revenez à vous ! répétait l'abbesse.

La gardienne des viviers se laissa choir sur un banc, la bouche entrouverte, les yeux écarquillés sur un visage de fin du monde. Elle balbutia :

– Marie… Bernadette… dans mon vivier… morte, flottant à la surface de l'eau… Je ne… je ne suis pas parvenue à la tirer… Les carpes… les carpes risquent de lui… dévorer… la face…

– Oh, doux Jésus, vite ! cria Mme de Milorand. Au service : appelez des laïcs… Rendons-nous aussitôt sur les lieux…

La salle entière bougea, presque 300 moniales répondaient à l'appel.

– Non… non ! Euh… Juste les discrètes… Vous, Blanche, et Barbe, notre sœur apothicaire, non que son art puisse nous être d'un grand secours en la circonstance. Quant à vous, chère Edwige… demeurez céans… Remettez-vous, ordonna l'abbesse qui redoutait une nouvelle crise de nerfs de la part de la gardienne des viviers.

Le vivier à carpes avait été creusé sous les cuisines, ainsi qu'il était de coutume. D'énormes carpes, aveugles en raison de l'obscurité qui régnait dans cette longue cave basse de plafond, y croissaient en paix. Un conduit partait d'un coin de la cuisine pour atterrir au-dessus de la piscine, permettant de déverser des déchets alimentaires de toute nature qui nourrissaient les poissons. Neuf sœurs se pressèrent sous la voûte, scrutant, atterrées, le grand corps qui flottait sur le ventre au centre du large bassin. Toutes se signèrent. Un silence de sépulcre régnait, seulement troublé par quelques sanglots réprimés, quelques souffles heurtés. La mère abbesse se reprit et déclara d'un ton sec :

– Faites mander trois serviteurs masculins. Qu'on ôte le corps de là et qu'il soit transporté à l'infirmerie. Nous aviserons ensuite. Nous n'avons besoin d'aucune aide extérieure…

En effet, Mme de Milorand, comme toutes les abbesses avant elle, jouissait du droit de haute, moyenne et basse justice sur les terres du monastère.

Haute, moyenne et basse justice

Les seigneurs ne pouvaient juger que des laïcs. Le droit de haute justice les autorisait à juger toute affaire et à prononcer n'importe quelle peine, même capitale. Toutefois, cette dernière devait être confirmée par des juges royaux.

Le droit de moyenne justice leur permettait de juger des délits importants mais non punis de mort, comme les rixes, les injures ou les vols, et de nommer des tuteurs pour les orphelins. Ils pouvaient alors condamner à la prison, au bannissement, à de fortes amendes ou à des châtiments corporels.

Le droit de basse justice était réservé aux conflits nés d'un manquement aux droits du seigneur (comme le non-paiement des impôts, par exemple), aux conflits de voisinage, etc. Les peines se limitaient à des amendes modestes.

Les trois hommes bagarrèrent avec le cadavre de Marie-Bernadette, encore alourdi par sa robe de bure gorgée d'eau. Ils l'installèrent sur une civière à bras. Blanche se pencha vers la pitancière défunte. Elle déclara sans relever les yeux :

– L'arrière de sa coiffe est ensanglanté, madame ma mère.

– Tournez-vous vers le mur, ordonna l'abbesse aux trois hommes. Défaites sa coiffe, Blanche.

La jeune femme s'exécuta. Elle tira avec délicatesse la coiffe, puis la cagoule d'épais lin que portaient les sœurs en dessous afin de limiter les besoins de nettoyage : celle-ci était gorgée de sang. L'arrière du crâne, bien visible en raison des cheveux tondus récemment, avait été enfoncé par un coup d'une rare violence et laissait apparaître un peu de matière cérébrale sanguinolente. Le sang avait dû couler abondamment. Même le col de sa robe claire et de son scapulaire noir était maculé.

– Sainte mère de Dieu… murmura Berthe, la cellérière.

– Du moins ne s'est-elle pas… enfin… buta Hermione, la chambrière.

– Suicidée[10] ? Mais pourquoi ? Auriez-vous perdu le sens ? s'offusqua Barbe, l'apothicaire.

– Votre pardon ! Honte à moi d'émettre une telle suggestion. Le choc, sans doute, s'embourba Hermione. Elle a été tuée d'un coup porté à la tête ?

– J'en doute, déclara Barbe en soulevant la cagoule entre le pouce et l'index. Du moins n'est-elle pas morte immédiatement, si l'on en juge par l'importance de l'hémorragie. Je vous rappelle que les décédés ne saignent guère.

Blanche s'agenouilla auprès du cadavre et l'examina sans un mot. Barbe, qui n'appréciait pas qu'elle empiète sur son domaine scientifique, demanda d'un ton cassant :

10. Au Moyen Âge, le suicide était totalement réprouvé. Les suicidés étaient de fait excommuniés et ne pouvaient être enterrés en terre consacrée.

– Que faites-vous à la fin ? Je m'occuperai de notre sœur dès qu'on l'aura allongée en l'infirmerie.

Contrite, Blanche se releva et baissa la tête. Elle se garda bien de formuler la repartie qui lui montait aux lèvres : en quoi une apothicaire dont personne ne vantait les réussites et encore moins les remèdes pouvait-elle se prétendre experte dans l'analyse d'une occise ?

– Il suffit, Barbe. L'heure n'est vraiment pas aux disputes. Blanche tentait seulement de nous aider, intervint Mme de Milorand.

L'apothicaire serra les lèvres de déplaisir mais se le tint pour dit. Quant à Blanche, elle résista à l'envie de baiser les mains de cette abbesse qu'elle admirait tant, que nul n'avait jamais prise en défaut de courage ou de sagesse. Elle devait tout faire pour l'aider dans cette abominable circonstance. Un meurtre. Mme de Milorand avait des ennemis qui s'empresseraient d'exploiter la moindre faille. Ennemis intérieurs et extérieurs. Blanche décida donc de mener l'enquête, en toute discrétion. On l'aimait bien. Elle parlait peu, aidait de son mieux, évitait toute parole désobligeante, ne se faisait guère remarquer, aussi jouissait-elle d'une sorte de préjugé favorable. Blanche n'en pensait pas moins pour autant, et son esprit vif lui permettait de tout remarquer, de tout comprendre, même à demi-mots.

Sa condition d'origine expliquait sa grande retenue, son humilité, sa placidité. Fille surnuméraire de simples bourgeois, seules ses qualités réelles lui permettraient d'accéder à son rêve, son ultime ambition : rejoindre le clan des discrètes qui conseillaient l'abbesse. Blanche voulait faire partie de son cercle rapproché, cercle plus accessible aux dames de noblesse ou aux femmes très riches. Péché d'orgueil ? Peut-être. Mais péché justifié par l'admiration et l'envie de servir au mieux une personnalité hors du commun qui œuvrait pour le bien de tous, notamment des pauvres. Toutefois, elle n'évoquerait pas sa décision de mener une enquête. Ainsi, si elle se trompait, si elle s'attirait les foudres des unes et des autres, personne ne pourrait le reprocher à Mme de Milorand. Elle seule serait responsable. Blanche possédait déjà un indice et doutait que Barbe, dont certaines se demandaient comment elle était devenue apothicaire, le découvre. Car ainsi que l'avait lancé un jour Agnès, la sacristaine, dans un moment d'exaspération :

– Cette pauvre Barbe ! Je ne prends plus ses décoctions ou ses infusions, de peur qu'elle se trompe et m'empoisonne. Certes, c'est peu charitable de ma part… mais bon… elle est sotte !

† L'enquête

Blanche ouvrit les yeux et tendit l'oreille. Une épaisse pénombre l'environnait. Paupières closes, elle luttait contre le sommeil depuis deux heures, attendant que ses compagnes de dortoir s'assoupissent. Le souffle profond des dormeuses, voire des ronflements, la rassurèrent. Elle se leva sans bruit et s'habilla à la hâte. Elle se faufila vers la sortie, gardant ses socques[11] à la main.

Une fois dehors, elle avança d'un pas vif vers l'infirmerie et y pénétra telle un discret fantôme.

Elle récita une courte prière silencieuse en se recueillant quelques instants devant la dépouille de la pitancière, et examina

11. Chaussures à semelles de bois.

à nouveau la large plaie qu'elle portait à l'arrière du crâne. Quelqu'un était donc arrivé dans son dos alors qu'elle se trouvait déjà dans la cave du vivier à carpes. En effet, Marie-Bernadette était assez grande et très lourde. Or le meurtre s'était déroulé en plein jour, après le repas du midi. Un meurtrier n'aurait jamais pris le risque de la transporter d'un endroit à l'autre, de crainte d'être aperçu même s'il ou elle avait pu soulever le corps imposant. Une plaie basse, au ras de la nuque. Un meurtrier de petite taille. Une meurtrière, bien sûr. Une meurtrière habitée par une rare fureur, si on en jugeait par la violence du coup. Sans doute Marie-Bernadette s'était-elle affalée au bord du bassin. L'autre n'avait plus eu qu'à la pousser dans l'eau.

Blanche dut bagarrer pour écarter un peu les mains jointes en prière, la *rigor mortis* commençant à rendre la trépassée peu coopérative. Elle ne remarqua rien de plus. Toutefois, le séjour dans l'eau du bassin avait sans doute nettoyé toutes les traces qui pouvaient se trouver sur le devant de la robe et du scapulaire.

RIGIDITÉ CADAVÉRIQUE OU RIGOR MORTIS

De nombreux facteurs l'influencent et il se s'agit donc pas d'une détermination précise. Dans des conditions normales et tempérées, la rigor mortis *débute 3 à 4 heures après le décès, notamment au niveau de la nuque. Tout le corps devient rigide approximativement 6 à 12 heures après le décès, et la rigidité commence à se désinstaller environ 36 heures après la mort. Le corps redevient flexible environ 48 heures après le décès.*

Le coup asséné sournoisement suggérait que la meurtrière savait qu'elle n'était pas de taille pour lutter contre la pitancière. Une femme petite et menue, ce qui expliquerait cette plaie si basse ? La liste de ses sœurs défila dans son esprit. Malheureusement, un grand nombre correspondait à cette description, dont Hermione la chambrière, Berthe la cellérière, Barbe l'apothicaire, Edwige la gardienne des poulaillers et des viviers, sans oublier la jeune novice Adèle, semainière de cuisines. Si Blanche se fiait à son raisonnement, étaient exclues les hautes et larges : Agnès la sacristaine, Clotilde Barnabé, la grande prieure et quelques autres.

Elle détailla encore le corps durant de longues minutes, scrutant son visage, ses jambes, ses mains aux ongles noircis par les travaux de cuisine. Marie-Bernadette avait peut-être parfois le caractère aigre. Toutefois, elle ne ménageait pas sa peine, mettant volontiers la main à la pâte.

Dès le lendemain à l'aube, Blanche se dispensa du ramassage de petit bois afin d'enquêter. Il régnait une atmosphère étrange et lugubre dans ce monastère qui n'avait jamais connu de telles monstruosités, où la vie s'écoulait jadis paisible, dédiée à la prière et au travail. Les sœurs rasaient les murs, trottaient telles de petites souris inquiètes, le visage baissé. Blanche repéra la sacristaine, Agnès, au franc-parler, une de celles qu'elle avait exclues de sa liste de suspectes en raison de sa carrure impressionnante. Elle l'aborda, discuta de choses et d'autres avant d'en venir à ce qui l'intéressait :

– Quelle horreur que ce meurtre en nos murs ! lança-t-elle.

– Je n'en ai pas dormi ! Bon, Marie-Bernadette n'était sans doute pas la subtilité faite femme, mais cette fin…

– Qui aurait pu lui en vouloir au point de… ?

– Je ne sais, déclara Agnès. Certes, Marie-Bernadette fourrait son nez partout. Vous savez bien… nulle ne trouvait grâce à ses yeux. Il n'y avait qu'elle qui fût parfaite, se dévouant corps et âme à notre monastère, bref… nous avons toutes eu droit cent fois à ses reproches, à l'exception de Barbe, notre apothicaire, on se demande bien pourquoi ! Notre apothicaire s'agite beaucoup mais son efficacité reste à démontrer. Quoi qu'il en soit, elles étaient assez amies.

– Selon vous, notre pitancière s'était-elle fait des ennemis ? insista Blanche.

– Bien grand mot… Toutefois, Marie-Bernadette avait cette désastreuse habitude de surveiller le labeur des autres afin de s'en plaindre. Cela étant, il s'agissait d'une femme efficace, d'une grande probité… au denier près.

– Que voulez-vous dire ?

– Bah… Marie-Bernadette s'était mis en tête qu'on volait en cuisine. Elle en était malade. Selon elle, quelqu'un revendait des denrées à un vivandier[12] pour en tirer profit personnel.

– Mais pour quoi faire ? En quoi avons-nous besoin d'argent ?

– Belle question ! Aussi Marie-Bernadette enquêtait-elle du côté des serviteurs laïcs.

– Jamais un serviteur laïc ne lèverait la main sur une moniale, argumenta Blanche. La voler, certes. La tuer, jamais.

– Je suis bien d'accord. Mais qui d'autre ? Je doutais des affirmations de vol de notre pitancière. Cependant, maintenant qu'elle a été occise…

12. Intermédiaire qui approvisionnait les monastères et châteaux en denrées alimentaires.

Blanche passa une bonne partie de la journée à interroger ses sœurs. Des dires glanés ici ou là il ressortit que deux femmes de petite stature avaient été seules durant l'intervalle au cours duquel la pitancière avait pu être tuée, les autres se trouvant en compagnie : Edwige, la gardienne des viviers et des poulaillers, et Adèle. Cette dernière aurait pu prétendre qu'elle cherchait Marie-Bernadette alors même qu'elle était en train de l'assassiner. Quant à Edwige, quoi de plus simple pour elle que d'attirer la pitancière dans la cave du vivier pour l'y frapper avec violence ?

Blanche rendit ensuite visite à Barbe au prétexte d'une difficulté de digestion. Selon la sacristaine, Marie-Bernadette faisait preuve d'une rare cordialité vis-à-vis d'elle et peut-être aurait-elle des informations intéressantes à partager. L'apothicaire s'affaira aussitôt et lui tendit un petit sachet de toile contenant une infusion qui réalisait des miracles. Consciente qu'elle n'avait pas inventé l'eau tiède mais se montrait très sensible aux flatteries sur ses compétences, Blanche y alla de flagorneries afin de l'amadouer. Barbe se rengorgea. Blanche avança à pas comptés.

– Votre éclat dans la cave – éclat justifié – semblait indiquer que Marie-Bernadette n'avait jamais eu recours à votre excellence pour une mélancolie[13], et que, la connaissant bien, vous la jugiez d'humeur légère et joyeuse ?

– Marie-Bernadette était un roc ! Elle n'a guère eu recours à mon savoir d'apothicaire depuis douze ans que je suis parmi vous. En voilà une qui ne geignait pas sans cesse !

Le reste de la conversation ne renseigna guère Blanche, Barbe n'y allant que de commentaires assez perfides sur

13. Dépression.

certaines de leurs sœurs, des « mazettes[14] ». L'apothicaire ne pouvant, à l'évidence, rien lui apprendre, Blanche restait donc avec ses deux suspectes : Adèle et Edwige.

D'autres bavardages et vagues confidences ne lui permirent pas de trancher. Elle parvint à coincer discrètement une petite souillon[15] laïque qui semblait paniquée à l'idée qu'une moniale lui adresse la parole. Blanche dut fournir de louables efforts pour calmer l'inquiétude de la fillette qui craignait des représailles si elle cancanait. Edwige avait eu maille à partir avec Marie-Bernadette, qui s'étonnait de la raréfaction des carpes et des œufs. La gardienne des viviers et poulaillers, se sentant accusée, avait rétorqué que si la pitancière ne jugeait pas les estomacs des autres à l'aune du sien, les portions seraient moins grosses et les carpes auraient le temps de se reproduire. Marie-Bernadette avait fort mal pris de se faire traiter de gloutonne et les deux femmes ne s'adressaient plus la parole que contraintes et forcées. La pitancière soupçonnait-elle Edwige de revendre en cachette certaines de leurs denrées, pour son profit personnel ? Blanche fonça vers le poulailler principal, serrant entre ses bras un lourd fagot de branches sèches. Edwige était penchée vers les nids, occupée à changer leur paille. Blanche s'écria :

– Ma sœur, votre bois d'allumage !

Edwige se releva en se retournant et Blanche lui lança le fagot que l'autre rattrapa de justesse pour protester aussitôt :

– Mais… je n'ai rien demandé ! Que voulez-vous que j'en fasse ? Une flambée pour mes canards ?

---

14. Petit cheval de médiocre valeur. Au figuré : personne souffreteuse et manquant de courage.

15. Serviteur à qui étaient réservées les tâches les plus pénibles et salissantes.

– Oh… ce serviteur se sera trompé. Il affirmait que vous en aviez un urgent besoin, mentit la jeune moniale. Ma sœur… pardonnez ma brusquerie mais je suis si troublée par le trépas de notre bonne pitancière… Il semble que vous ayez échangé des mots peu amènes avec elle et…

– Ah, ne commencez pas avec ça ! l'interrompit Edwige, mécontente. Cette… bref, paix à son âme, s'était mise en tête que je… je ne sais… que je dévorais toutes nos carpes en cachette… Je lui ai cloué le bec ! Et pourquoi cette question ? La peste soit des indiscrets qui clabaudent !

– Oh… votre pardon… cela m'ennuyait de vous savoir fâchée avec elle maintenant que…

Comprenant qu'elle n'en tirerait rien, Blanche la quitta peu après.

Elle repéra ensuite Adèle, la novice assise sur le muret qui ceinturait les jardins du cloître. La semainière de cuisine semblait lasse. La jeune moniale approcha d'elle et lui lança d'un ton cordial :

– Oh, ma bonne ! Que de travail vous devez avoir depuis l'horrible disparition de notre bien-aimée pitancière !

– Je ne me plains pas. Je suis bien secondée, répondit Adèle d'un ton dépité. Et du moins ne me fais-je plus rabrouer pour un rien, ajouta-t-elle en plaquant aussitôt la main sur ses lèvres. Pardon, que c'est mal de ma part !

– Elle n'était pas de caractère aisé, nous le savions toutes, la rassura Blanche. Elle devait pourtant vous apprécier puisqu'elle a demandé à vous garder comme semainière durant plus de trois semaines.

– Oui, quelle chance ! ironisa la jeune novice. Je vous l'avoue honteusement : j'espérais être… libérée, pas d'autre mot, à l'issue de ma première semaine de travail avec elle, qui ne fut… guère agréable.

– Ma pauvre… l'ayant moi-même subie à plusieurs reprises, je compatis, sourit Blanche en posant sa main sur l'avant-bras de la jeune fille dans un geste amical.

Celle-ci se leva et déclara :

– Je vous dois laisser… le devoir m'appelle… Le souper du soir est proche. Merci pour votre compréhension.

QUI A TUÉ MARIE-BERNADETTE ?

SOLUTION PAGE 198

Gastronomie médiévale : une recette incontournable, le blanc-manger

On trouvait au Moyen Âge le blanc-manger sur les tables de tous moyens et dans l'Europe entière. Il se réalisait principalement avec des blancs de poulet, poule ou chapon. Peu épicé en général et sucré (au début avec du miel), il convenait au plus grand nombre et l'on mit donc au point des variantes à base de poisson blanc afin de le servir les jours maigres. Il en existait aussi des versions très relevées et non sucrées. On ajoutait parfois un peu d'eau de rose en fin de cuisson. L'important était qu'il fût blanc, en cette époque où cette couleur était associée à la pureté et où on la recherchait partout, même dans l'alimentation. Le blanc-manger aurait été surtout servi en entrée.

Nous donnons ici la recette pour une entrée, réalisable de nos jours en peu de temps.

Pour 2 personnes :

100 g de blanc de poulet, poule ou chapon cuit dans du bouillon de poule

50 g de riz

½ litre de lait

20-30 g de sucre

20 g d'amandes mondées

Une bonne pincée de gingembre.

On peut ajouter une pincée de sel en fonction des goûts en omettant le sucre.

Effilez le blanc de volaille cuit. Faites frémir le lait sucré et jetez-y le riz. Laissez mijoter quelques minutes, puis ajoutez les blancs et poursuivez la cuisson jusqu'à ce que le riz soit cuit. Ôtez la casserole du feu, ajoutez le gingembre, la pincée de sel et les amandes. Servez tiède ou froid.

Une autre version consiste à remplacer le riz par de la farine de riz (30 g environ) que l'on délaye dans le lait sucré. On porte sur le feu jusqu'au frémissement avant d'ajouter la chair, le gingembre, une pincée de sel et les amandes. On fait cuire quelques minutes en tournant, jusqu'à obtenir une crème épaisse.

Une variante sans sucre, avec davantage de sel et un peu de poivre, est possible pour ceux qui n'aiment pas l'association salé-sucré.

AU LEVER DU JOUR

† Les prémisses

Géraud Graimont repoussa d'une main hésitante et enflée les cheveux qui collaient à son front. Il faisait une chaleur étouffante. Pas un souffle d'air ne pénétrait céans. L'odeur de crasse et de sueur qui s'élevait de ses vêtements l'insupportait.

Lui revint le souvenir de son dernier bain, en l'étuve de la rue des Poteries, en compagnie de cette jolie fille dont il avait oublié le prénom. Les étuves, souvent mixtes, servaient, pour certaines d'entre elles, de lieu de rendez-vous galants. Ils s'étaient prélassés dans l'eau tiède et parfumée, dégustant un gobelet de bon vin. Puis, ils étaient sortis de l'énorme baquet et avaient rejoint une des petites pièces qui entouraient la grande salle ronde des bains. Un lit les y attendait.

Les larmes montèrent aux yeux de Géraud. Il avait eu une bonne petite vie mais ne s'en était rendu compte que lorsque le sablier était arrivé à son terme.

Géraud Graimont était le concierge du château de Hautmont.

LE CONCIERGE (CUMCERGE) AU MOYEN ÂGE

Sa fonction était de garder un château ou une grande maison. Le terme apparaît dès le XIIe siècle. Deux étymologies sont proposées. Le terme viendrait peut-être du latin populaire conservius, « cum » *(avec) et* « servus » *(esclave). Ou alors, il serait tiré de* « cum » *(avec), et de* « cerge » *(de* « cierge »*), du latin* cereus, *adjectif de* cera *(cire). Cette seconde origine ferait allusion au fait que les gardiens surveillaient les propriétés de nuit en s'aidant d'une lampe à huile ou d'une bougie.*

† Un mois plus tôt

Géraud s'habilla chaudement. L'hiver s'éternisait et il gèlerait encore cette nuit. Il alluma une autre esconce[1] à l'aide de celle qu'il gardait en veilleuse afin de s'épargner la corvée de frotter le silex pour faire naître une flamme. La famille d'Hautmont venait rarement au château, préférant de loin la cour et la capitale. D'ailleurs, Géraud ne les avait pas vus depuis plusieurs années. Un gagne-pain tranquille, hérité de son père, concierge avant lui. Il lui suffisait de houspiller les rares serviteurs encore en place et dont la tâche consistait à maintenir les lieux en ordre pour le cas, très improbable, où Jacques d'Hautmont ou son fils aîné débarquerait à l'improviste. En plus de cela, il effectuait une ronde le matin et une autre en début de nuit, afin de s'assurer que nul maraudeur ou vagabond ne traînait dans les parages. Il omettait fréquemment sa ronde de nuit. Après tout, il restait peu de choses à voler, du moins facilement, le château ayant été presque vidé de ses meubles et tapis. Géraud Graimont consacrait donc la majeure partie de son temps à se promener, à braconner en toute discrétion, et à entretenir un magnifique potager qui lui permettait de se nourrir sans délier bourse et même de vendre un peu de sa production. Une modeste mais agréable vie.

D'autant qu'à trente ans Géraud était bel homme, se tenant ainsi que le lui avait enseigné son père, sachant parler de sorte à ne pas offenser les oreilles de ses maîtres, lisant et parvenant à écrire un peu. Cette aimable description lui valait pas mal de faveurs féminines. Certes, nombre de ces dames avaient

1. Sorte de lanterne en bois ou en métal qui permettait de protéger la flamme d'une lampe ou d'une bougie des courants d'air.

sans doute le désir de lui passer l'alliance au doigt, qu'elles fussent veuves ou filles vieillissantes, mais Géraud n'avait nulle intention de se marier, du moins tant qu'il n'aurait pas besoin d'une épouse à domicile. Il gardait en effet un pénible souvenir de sa mère, acariâtre, manipulatrice, et du calvaire qu'elle avait fait endurer à son père et à lui, avant de trépasser alors qu'il avait treize ans.

Si Géraud éprouvait donc une vive attirance pour la douce gent, il s'en méfiait aussi. Ah ça, toutes mignonnes et douces avant le passage devant le prêtre, mais ensuite, il était trop tard si l'épousée se révélait de mauvaise disposition ! Il y en avait bien une, la charmante Clotilde, jolie comme un cœur, âgé de dix-sept ans, qui lui faisait souvent regretter sa prudence. D'autant que si la mie en question ne dédaignait pas les baisers et les caresses, même intimes, elle défendait sa virginité bec et ongles. De plus, Géraud n'avait guère envie de se frotter à son père, Grand Jean, et à son frère aîné, Petit Jean, qui n'avait de « petit » que le surnom puisqu'il était taillé comme un lutteur de foire, à l'instar de son père. Or, s'il allait trop loin avec Clotilde, il risquait une bonne volée. Pourtant, la jeune fille ferait un beau parti, sa famille de fermiers ayant un peu de bien, principalement en terres. En cas d'épousailles, Géraud quitterait le château et rejoindrait leur ferme. Plus tard, peut-être. Sa liberté de célibataire lui allait comme un gant et il hésitait.

Il sortit de la maisonnette qu'il occupait. L'air glacial l'environna et il frissonna en dépit de sa veste en peau de mouton. Bon, la ronde serait de courte durée. Il contournerait le mur d'enceinte, vérifierait que le pont-levis était bien relevé et que la porte qui le flanquait n'avait pas été entrouverte, non qu'il en doutât, puis il rentrerait bien vite se mettre au chaud et se rendormirait du sommeil du juste.

Le souvenir de l'après-midi passé en compagnie de Clotilde lui revint, et il ne put s'empêcher de ressentir à nouveau une certaine aigreur. Elle s'était laissé embrasser, ne protestant pas lorsqu'il avait fait glisser le haut de sa robe sur ses hanches afin de caresser et mordiller ses seins. Elle avait laissé sa main remonter jusqu'au haut de ses cuisses. Géraud avait bien cru qu'il allait enfin parvenir à son but, tant la donzelle[2] soupirait avec délice, laissant parfois échapper de petits gémissements de volupté. Pourtant, lorsque, à bout de résistance, il avait entrepris de relever le bas de sa robe, pouce après pouce, Clotilde s'était relevée d'un bond, assénant :

– Pas de cela ! Je garde mon hymen intact pour mon époux. Si, chaque fois, tu te mets en tête de passer… outre, je ne te verrai plus ! Ce ne sont pas les gars avenants qui manquent !

Elle s'était rajustée, l'air furieux, avant de quitter la maison sans un autre mot. Géraud ne savait ce qui l'avait emporté en lui de la frustration ou de la colère, sentiments qu'il n'avait pas encore tout à fait digérés.

Il remonta vers l'est le sentier qui suivait le mur d'enceinte, avançant d'un pas vif pour en finir au plus vite. Un bruit, en contrebas, celui que ferait un animal en fuite. Il tendit l'oreille et leva son esconce. Mais la pénombre était si dense qu'il n'y vit goutte. Il progressa de quelques mètres, sur ses gardes. À

2. Jeune fille ou femme de qualité.

nouveau, un bruit, plus proche, juste derrière lui. Géraud se tourna tout d'un bloc pour se retrouver face à une silhouette emmitouflée dans un mantel.

– Qui va là ? demanda-t-il d'une voix inquiète.

Un rire féminin lui répondit. Avant qu'il n'ait pu réagir, un bras sortit de sous le mantel et envoya valdinguer son esconce. Une obscurité complète l'environna, grâce à la complicité d'une lune blafarde et voilée. La stupéfaction le disputa à la crainte en lui. Il voulut tirer le couteau de chasse pendu à sa ceinture mais deux bras doux et frais lui enserrèrent le torse. Une bouche tiède se posa contre sa gorge, semant sa peau de baisers.

– Mais…

– Chut…

Une petite main saisit la sienne et l'entraîna vers un bosquet. La silhouette emmitouflée s'allongea sur le sol.

– Clotilde ?

Elle rabattit vers l'arrière la capuche du mantel qui dissimulait son visage. Elle ne devait guère avoir plus de quinze ans et était ravissante, avec ses beaux cheveux bruns et bouclés, ses yeux étirés vers les tempes. Géraud fouilla dans sa mémoire : non, il ne la connaissait pas.

– C'est Clotilde qui m'envoie. Vas-tu me décevoir ? murmura-t-elle.

Elle releva sa robe, dénudant des cuisses parfaites et un mignon ventre d'un blanc laiteux.

Trop heureux de sa bonne fortune, Géraud se laissa tomber à ses côtés. Il éprouva un bref soulagement en constatant qu'elle n'était plus vierge et semblait particulièrement aguerrie en ce qui concernait les jeux de l'amour. Leurs ébats durèrent longtemps. Ils furent si passionnés que Géraud oublia vite le froid nocturne. Enfin rassasiée, la belle inconnue se redressa en soupirant de satisfaction :

– Il me faut partir, mon beau. Merci pour ta fougue. D'un geste gracieux, elle interrompit la protestation qu'il s'apprêtait à formuler : Non, ne me retiens pas, je ne puis m'attarder davantage. Nous nous reverrons.

Elle disparut dans la nuit noire. Épuisé, Géraud se traîna jusque chez lui et se laissa tomber sur son lit. Oubliée Clotilde et ses minauderies d'allumeuse !

Son repos fut de courte durée. Deux gens d'armes du secrétaire du bailli le tirèrent sans ménagement de ses draps au beau milieu de la nuit, après avoir défoncé la porte de la maisonnette. Ahuri, l'esprit embrumé, il mit quelques instants à comprendre leurs insultes :

– Alors, ordure, on force une fille de seigneur ?

– Quoi ?

– Marguerite de Hautmont, ça te dit rien, vaurien ?

– La jeune fille ? Cette nuit ? Il s'agissait de la damoiselle Marguerite, la benjamine de la famille ?

Au moment où il prononçait cette phrase, Géraud sut qu'il venait de signer son arrêt de mort. Il admettait avoir eu des relations sexuelles avec elle alors qu'il aurait dû prétendre ne l'avoir jamais rencontrée. D'ailleurs, l'un des gens d'armes lâcha à son acolyte :

– Ben voilà ! On l'embarque !

– Je ne l'ai pas violée, elle s'est offerte à moi ! cria Géraud en se débattant.

Une claque magistrale s'abattit sur son visage et l'un des hommes du bailli hurla à son tour :

– Offerte à toi ? Alors que tu la menaçais d'ton couteau de chasse avec lequel t'as déchiré sa robe et qu'on a r'trouvé sur place, à l'endroit qu'elle nous a indiqué, sans même évoquer les meurtrissures qu'elle porte aux poignets, aux chevilles et au visage ?

– Quoi ? Elle prétend ça ? Mais c'est faux ! Jamais je ne l'ai menacée !

– Tu l'as violée et dépucelée sans vergogne !

– Elle n'était pas pucelle, bien au contraire, protesta Géraud.

Le violent coup de poing qu'il reçut en pleine poitrine lui coupa le souffle et lui fit monter les larmes aux yeux.

– Menteur, coquin[3] ! La matrone jurée[4] a été aussitôt appelée par sa dame de compagnie, Bertille. La damoiselle d'Hautmont avait saigné. Faut qu'te fasse un dessin ?

Ils le traînèrent dehors après lui avoir ligoté les poignets. Il eut beau exiger d'être confronté à Marguerite d'Hautmont, on le poussa sans ménagement dans une cellule, si basse de voûte qu'il ne pouvait se tenir droit debout.

Il fut interrogé à huis clos par ses juges, afin de ne pas

3. Il s'agissait d'une injure très forte à l'époque.

4. Sage-femme qui avait prêté serment et pouvait témoigner lors de procès, pour attester, par exemple, de la virginité ou de la grossesse en cours d'une femme.

« ternir davantage la réputation de la pauvre malheureuse qu'il avait déflorée ». L'avocat qu'on lui concéda ne semblait pas croire une seconde à son innocence. On convoqua des jeunes veuves ou des célibataires afin de s'enquérir de l'attitude du concierge envers elles. Avait-il eu des gestes ou des paroles déplacés, avait-il fait montre d'agressivité virile ? Toutes certifièrent le contraire. Celles qui avaient entretenu un commerce charnel avec le beau Géraud n'avaient aucune intention qu'on l'apprenne. De plus, il s'était toujours montré doux, respectueux et excellent amant, bien que très persuasif, ce qui n'en faisait certes pas un criminel. En revanche, Clotilde affirma qu'il était chaud lapin et qu'elle avait décidé de l'éviter afin de protéger sa virginité. Elle ne mentait pas vraiment, omettant juste de préciser que les caresses ne la gênaient guère. Cependant, son témoignage fut du plus mauvais effet. Il tenta cent fois de se défendre, racontant sans cesse la même histoire. On lui montra la robe tailladée de Marguerite qui, terrorisée par son « bourreau », refusait de le rencontrer. On lui fit lire le témoignage écrit de la matrone jurée, qui avait constaté une perte de sang, avec maculation en haut des cuisses, peu après l'acte, et de nouvelles pertes de faible intensité au cours des deux jours suivants, preuve de la brutalité de la défloration.

Les jours succédèrent aux nuits, les brimades de ses geôliers aux humiliations. Jacques d'Hautmont avait exigé la mort par pendaison, précédée de l'émasculation en place publique pour le violeur de sa fille chérie, qui devait être mariée à l'été. Sans surprise, il fut suivi par les juges. Lorsqu'on lui annonça la sentence d'une voix plate, Géraud crut qu'il allait s'évanouir. Il comprit enfin le monstrueux piège qui se refermait sur lui. Marguerite s'était offerte parce qu'elle n'était plus vierge et depuis longtemps, une condition incompatible avec un beau mariage. Sa seule échappatoire était de prétendre avoir été violée par un vaurien. Quoi de mieux que le château et son concierge, puisqu'elle était certaine de ne pas être surprise et que Géraud, ne l'ayant vue que fillette, ne la reconnaîtrait pas. Profitant de leurs ébats, elle avait subtilisé son couteau. Pour le reste, une fidèle dame de compagnie, une matrone jurée grassement payée et le sang d'un lapin ou d'un poulet avaient fait l'affaire. Il sut qu'il ne s'en sortirait pas vivant. La panique céda place à la fureur. Il se rua vers l'un des gardes, prêt à le frapper. Mal lui en prit. L'autre le balança au sol et lui écrasa la main sous son gros soulier.

Géraud hurla au juge sinistre qui venait de lui apprendre qu'il quitterait ce monde le surlendemain, au lever du jour :

– Je crierai la vérité en place publique ! Cette catin a monté une machination pour dissimuler à son benêt de futur époux qu'elle avait traîné ses fesses en maints endroits ! Je m'y connais en femmes. Elle était experte en amour ! Je révélerai tout, face à la foule !

Le juge au visage long et gris lui lança un regard méprisant et un peu peiné avant de sortir de la geôle.

† Ce jour-là

Il faisait une chaleur étouffante. Pas un souffle d'air ne pénétrait céans. Géraud jeta un regard au soupirail ménagé en haut du mur de sa cellule. La nuit tomberait bientôt. Demain, il serait mort après l'effroyable émasculation. Un raclement contre la porte de son cachot. Un gardien du nom d'Anselme, un homme pieux – le seul geôlier qui ne maltraitait ni n'insultait les prisonniers –, pénétra, posant un panier d'osier sur le sol en terre battue.

– Ton dernier repas, mon gars. Profites-en, y'a de bonnes choses. Offert par une dame qui n'a pas voulu dire son nom. T'as quand même dû laisser quelques bons souvenirs.

Étrangement et alors que la fin approchait, Géraud avait faim. Il est vrai que les portions de famine qu'on lui servait depuis un mois, se limitant parfois à un simple bout de pain, n'offraient guère de quoi rassasier un homme. Un joli panier, en effet. Il se demanda laquelle de ses conquêtes avait eu la bonté de penser à lui. Il en tira un morceau de fromage de chèvre, un quart de miche de pain et cinq rissoles à la farce de viande, sans oublier une bouteille de cidre. Autant en profiter, en effet. Il avala goulûment les rissoles, délicieuses mais sèches, au point qu'il avala une longue gorgée de cidre afin de faire passer les bouchées. Il liquida presque tous les vivres, à l'exception d'un bout de pain.

Une effroyable douleur le réveilla en pleine nuit. Il avait la sensation que son ventre se liquéfiait. Le souffle court, il se traîna vers la porte de sa cellule et hurla à l'aide. Il toussa. Un flot de sang s'échappa de sa bouche. Un froid terrible lui remontait dans les jambes et son cœur s'affolait. La tête lui tournait et il ne parvenait plus à respirer. Il cria encore et encore, jusqu'au moment où il s'écroula au sol, tordu de douleur. Géraud Graimont rendit l'âme peu avant l'aube dans d'épouvantables souffrances.

† L'enquête

Anselme hésita quelques heures après que le cadavre de Géraud eut été emmené chez le croque-mort. Bien que de condition très simple, Anselme avait oublié d'être idiot et il savait juger ses congénères. Un doute lui était venu au sujet de la culpabilité de Géraud dans cette affaire de viol. N'y tenant plus, il se permit de requérir audience du seigneur bailli Hugues de Lermogis, un homme austère, sévère et impatient mais juste. De plus, en tant qu'émanation directe du roi en leur province, propriété de la couronne de France, il ne redoutait personne. Très intimidé d'être vite reçu, Anselme s'efforça à la clarté et à la concision.

– Et pourquoi êtes-vous si sûr que ce Graimont était innocent du viol de la damoiselle Marguerite ?

– Sûr… j'irais pas jusque-là, seigneur, mais j'ai des doutes.

– Pourquoi ? insista Hugues de Lermogis.

– Ben, j'l'a pas reniflé comme malfaisant. Faut vous dire qu'on sait bien qu'le gars Géraud était pas farouche avec les dames. Toutefois, jamais, au grand jamais, aucune n'a porté plainte pour des attouchements non désirés.

– Et la jeune Clotilde ? N'a-t-elle pas déclaré « qu'il était chaud lapin et qu'elle avait décidé de l'éviter afin de protéger sa virginité » ?

– Messire, d'après les clabaudages, Clotilde aime bien aguicher et s'faire tripoter. Mais, pas folle la guêpe, elle défend son pucelage. C'qui m'étonne, c'est l'panier. Géraud reçoit pas une seule visite en un mois et la veille de son exécution, une dame inconnue lui fait porter des vivres ? Étrange. Et puis, il crève ? Avant d'arriver en place publique, alors qu'il a menacé de révéler à tous que la damoiselle Marguerite est une catin ? Enfin, d'après c'qui disait… se reprit Anselme.

– Selon vous, on l'aurait empoisonné ? Pour le faire taire ?

– Ça m'trotte dans l'esprit, seigneur.

– Bien. Faites mander le barbier. Après tout, l'Église accorde le droit d'autopsier les suicidés et les condamnés à mort, ce qui est son cas.

La médecine au Moyen Âge : barbiers, mires et médecins

Il existait à l'époque trois professions distinctes. Le médecin était docteur en médecine, clerc et, à ce titre, ne pouvait fonder une famille. Le mire, lui, après quelques années d'études et une formation « sur le tas », était laïc et pouvait donc se marier. Les deux professions furent réunies au XV*e siècle. La chirurgie étant méprisée à l'époque, elle fut confiée aux barbiers. Toutefois, elle fit bien plus de progrès que la médecine, puisqu'on trépanait, excisait des tumeurs, réduisait des fractures ouvertes, etc.*

Lorsque Bernard, le barbier-chirurgien, ouvrit le cadavre, il resta bouche bée devant la dévastation qui s'étalait sous ses yeux. L'estomac et le tiers supérieur de l'intestin grêle étaient en charpie. Il inclina sa lampe à huile au-dessus du magma sanglant et remarqua de petits éclats lumineux. Il récupéra un peu de la pulpe organique entre ses doigts et comprit. On avait utilisé du verre pilé pour occire Géraud, comme il se pratiquait avec le gros gibier dangereux. Son agonie avait dû être affreuse.

Lorsqu'il l'apprit, Lermogis comprit que le gardien Anselme avait vu juste. Quelqu'un avait voulu faire taire le condamné, avant son exécution. Mais qui ? Marguerite, son père Jacques, son futur mari ou une autre personne ? Il devait obtenir une certitude. Jacques d'Hautmont était de haut lignage et bien en cour, à ce que le bailli savait.

Deux gardes étaient de faction le jour où la femme mystérieuse avait apporté le panier de vivres. Il tira peu de chose de ces hommes, qui avaient sans doute reçu une belle pièce de nature à les amadouer. La femme était de petite stature. La capuche de son mantel doublé de zibeline était abaissée bas sur son front et elle portait un voile en dessous. Ils n'avaient donc pu distinguer ses traits, ce qui ne les avait guère surpris : une femme offrant un dernier repas à un condamné pour viol ne tenait pas à être reconnue. L'un des deux gardes ajouta qu'elle avait les mains gantées de peau bleu pâle et les pieds chaussés de souliers assortis en cuir fin. M. de Lermogis restait donc avec l'hypothèse d'une coupable ou d'un complice qui pouvait être aussi bien Marguerite que sa dame de compagnie, dont il avait appris qu'elle se nommait Bertille. Il n'excluait pas de sa liste la fameuse Clotilde. En effet, elle seule avait produit un témoignage à charge contre Géraud.

Hugues de Lermogis décida d'interroger la matrone jurée, une robuste femme du nom d'Agnès Deschamps. Il se rendit à son domicile, une fermette pimpante située à une demi-lieue[5] de la bourgade. D'abord revêche, Mme Deschamps, qui retournait son petit jardin, se dérida vite lorsqu'il se présenta. Ce n'était pas tous les jours qu'un si haut personnage lui rendait visite. Elle le fit pénétrer avec empressement dans une vaste cuisine qui embaumait de l'odeur appétissante d'une soupe de viande aux herbes. Elle insista pour lui offrir un gobelet de cidre. Il accepta de bonne grâce, conscient que rien ne déliait mieux les langues que la cordialité.

– Maîtresse Deschamps, votre réputation d'excellence et de probité m'est venue aux oreilles…

La grande femme charpentée se rengorgea.

– Je sollicite votre avis professionnel. Bertille, la dame de compagnie de la damoiselle Marguerite d'Hautmont, vous vint donc quérir afin d'examiner sa maîtresse, après l'odieux viol dont elle fut victime ?

– Oui da. Quel vaurien ! Au plein de la nuit, alors que j'étais assoupie. Elle a cogné, cogné contre ma porte. J'ai fini par ouvrir lorsque j'ai entendu une voix de femme qui semblait affolée.

– Que s'est-il passé, alors ?

– Il faisait un froid de gueux. Elle s'est présentée et m'a rapidement expliqué que je devais me rendre aussitôt au château. Elle a précisé que l'argent de mes soins m'y attendrait.

– Et ?

– Elle a ensuite filé pour rejoindre et soutenir sa maîtresse, en pleine crise nerveuse.

---

5. Environ 2 km.

– Il y avait de quoi, commenta le bailli.

– Si fait. Je me suis vêtue à la hâte et suis partie d'un bon pas, dans la nuit noire.

– À quoi ressemblait cette Bertille ?

– Je ne l'ai point bien vue, rapport qu'il faisait nuit et qu'elle était emmitouflée dans un mantel à capuche rabattue.

– Hum… Et une fois sur place ?

– Ben, un serviteur du château m'attendait. Il m'a menée jusqu'aux appartements de Mlle Marguerite. La pauvrette ! Elle sanglotait, d'autant qu'elle avait mal, un symptôme classique lors d'une brutale défloration. Elle m'a montré sa robe, fendue par la lame de ce scélérat. Je l'ai examinée. Sans entrer dans des détails qui offenseraient la pudeur, son organe intime portait la trace d'une… fréquentation masculine et du sang avait séché à l'intérieur de ses cuisses, tout en haut. Je l'ai nettoyée et apaisée du mieux que j'ai pu. Il faudra bien sûr vérifier dans quelque temps qu'elle n'est pas grosse, rapport à son proche mariage. Quoique je doute d'une conception.

– Et ensuite ?

– Ma foi, je m'en suis retournée chez moi.

– Quelle heure était-il, environ ?

– Laudes[6] a sonné au moment où je me recouchais.

– Êtes-vous restée longtemps en compagnie de Marguerite d'Hautmont ?

– Une bonne heure, le temps de la calmer.

---

6. Entre 5 et 6 heures.

– Et durant cette heure, avez-vous vu Bertille, la dame de compagnie qui vous avait requise ?

– Non pas. Elle avait foncé à la bourgade afin de prévenir les hommes de votre secrétaire, afin qu'ils arrêtent ce vil coquin. Mais elle avait déposé la rétribution de ma visite sur un guéridon.

Lorsqu'Hugues de Lermogis remercia la matrone jurée avant de prendre congé, il savait qui avait occis Géraud Graimont.

COMMENT ?

SOLUTION PAGE 200

Un roi oublié, la fin du Moyen Âge : Charles VIII (1470-1498)

Fils de Louis XI et de Charlotte de Savoie, Charles VIII devint roi en 1483, à 13 ans, au décès de son père. Sa sœur aînée, Anne de Beaujeu, remarquable femme politique, assura la régence pour le plus grand déplaisir des seigneurs qui gravitaient autour de la Couronne et qui jugeaient qu'elle avait trop d'influence sur le jeune roi.

Certes, Charles VIII vécut peu de temps et ne compta donc pas beaucoup de hauts faits, si ce n'est son mariage avec Anne de Bretagne en 1491, mariage qui ne fut pas du goût des partisans de Maximilien de Habsbourg auquel Anne était déjà mariée par procuration. Il s'agissait bien sûr d'éviter une implantation des Habsbourg qui aurait menacé le domaine royal par l'ouest.

Charles VIII, ancien enfant malingre, rêvait de batailles et d'héroïsme. Il se lança dans une campagne italienne d'abord victorieuse, puisqu'il fut accueilli en libérateur et en héros par les villes qu'il reprenait. Mais la chance changea de camp et il dut rejoindre la France. De toute évidence fasciné par l'art florentin et la délicatesse italienne, il rapporta avec lui des œuvres d'art, des meubles, qui constituèrent une inspiration pour la Renaissance française.

Mais Charles VIII n'en avait pas fini de rêver de gloire et de batailles, et songea à lancer une croisade afin de libérer les

Lieux saints et de prendre possession de Jérusalem. Le sort en décida autrement : il mourut après s'être cogné la tête au cours d'une partie de jeu de paume, à l'âge de 28 ans, alors qu'aucun de ses enfants ne lui avait survécu. La couronne de France passa donc à son cousin, le duc d'Orléans, qui accéda au trône sous le nom de Louis XII.

Une journée presque parfaite

† Les prémisses

Aux aguets, Jean Pataud avançait à pas comptés. Il guettait les bruits de la forêt. Les trilles des oiseaux, grisés par le radieux soleil de cette fin de printemps, se répondaient. Ceux-ci se tairaient à la moindre approche et Jean devrait alors se cacher dans un buisson ou derrière un arbre. Il n'ignorait rien du sort réservé aux braconniers sur les terres d'un seigneur, surtout lorsque ce seigneur se nommait Charles d'Effaire, surnommé par tous, en grande discrétion, Charles d'Enfer. De sombres rumeurs couraient à son sujet. Certains prétendaient même qu'il avait vendu son âme au diable contre richesse et longue vie. D'autres se signaient lorsqu'ils apercevaient au loin la haute silhouette maigre du seigneur, sa cape noire voletant telle une aile maléfique et battant ses bottes au rythme de sa démarche nerveuse. Pour l'avoir observé de près, dissimulé derrière une houssaie, Jean Pataud admettait que le visage émacié et dur, mangé par une barbe brune, la bouche mince, les petits yeux sombres et rapprochés n'avaient rien d'engageant, bien au contraire.

Charles d'Effaire se montrait peu, au grand soulagement des villageois. On apercevait parfois son étalon noir filant à travers champs. Au fond, en dépit des bavardages de clients de tavernes qui affirmaient détenir des informations fiables à son sujet, on ignorait à peu près tout de lui, et nul n'aurait eu le peu de bon sens de se renseigner auprès des serviteurs habitant le château et aussi peu amènes que leur maître. Quel âge avait-il au juste ? Quarante, quarante-cinq ans ? Combien avait-il d'enfants ? On lui connaissait un fils aîné, Marc. Pour les autres, les spéculations allaient bon train puisque les rejetons de la famille étaient prétendument baptisés par le chapelain du château. Personne n'avait jamais croisé ce dernier et d'aucuns affirmaient à voix basse qu'il s'agissait d'une fable, que les enfants Effaire n'étaient pas baptisés, comme marque de soumission de leur père au diable. Quant à Marie d'Effaire, la seconde épouse du seigneur, elle faisait l'objet de clabaudages : on disait qu'elle aurait péri après son deuxième accouchement et de façon aussi mystérieuse que la première femme du seigneur.

En réalité, les seules certitudes de Jean Pataud tenaient en peu de mots : Charles d'Effaire était un individu patibulaire, et moins il le croiserait, mieux il se porterait. Qui était-il, lui, pauvre petit paysan libre, pour tenir tête à un homme qui ignorait avec mépris ses obligations ancestrales vis-à-vis du monastère de bernardines voisin, le couvent du Bon-Sauveur ? Or ces moniales de l'ordre de Cîteaux[1] avaient grand pouvoir, plus que le seigneur. Elles n'obéissaient qu'au pape. Cela n'avait pas empêché Charles d'Effaire d'envoyer paître leur mère abbesse, Catherine de Milorand, ainsi que la joviale sœur dépositaire[2], Anne Callin, en refusant de s'acquitter dorénavant des livraisons de bois de chauffage concé-

1. Ordre cistercien fondé au début du XIe siècle, suivant la règle de saint Benoît, il promeut l'ascétisme, la rigueur lithurgique et le travail comme vertu.

2. Sœur chargée de tenir les comptes de l'abbaye.

dées par ses aïeuls aux religieuses. Nombre de villageois avaient été ulcérés par cette décision, d'autant que les moniales étaient respectées et appréciées par tous. Elles enseignaient la religion et les rudiments de l'écriture et du calcul aux enfants, sans distinction de classe. Lors des épidémies, elles envoyaient leur apothicaire et leurs sœurs infirmières aider les habitants du bourg. Elles ne manquaient jamais à leur devoir d'écuelle[3] lorsque les récoltes se faisaient maigres. Elles recueillaient aussi les enfants abandonnés devant leur porte par des parents dans l'incapacité de les élever. Aussi tous prenaient-ils leur parti dans le litige qui les opposait au seigneur, lequel avait un talent certain pour se faire des ennemis.

Les moniales n'étaient pas les seules. Leur prêtre, le père Odet, se fermait dès qu'on évoquait devant lui Charles d'Effaire, dont la réputation satanique lui était venue aux oreilles. Mais maître Nicol, le riche tonnelier, n'était pas en reste d'animosité depuis que le seigneur avait troussé sa fille, qui jurait qu'elle n'avait pas été consentante. S'ajoutaient à cette liste les Charreste père et fils, Urdin et Jacques, tous deux aussi épais que des lutteurs de foire. Ils n'avaient pas du tout apprécié que Charles d'Effaire, de mauvaise humeur après une chasse ratée, passe ses nerfs en criblant de flèches cinq de leurs moutons. Alertés par les aboiements furieux de leur chien de berger, ils s'étaient rués dans le champ et il s'en était fallu d'un cheveu qu'ils en viennent aux mains avec leur suzerain. Jean Pataud s'était interposé, leur rappelant que s'ils usaient de leurs poings contre le seigneur, ils risquaient de terminer au

3. Qui consistait à nourrir les plus démunis.

bout d'une corde. Même l'aubergiste du *Renard Bleu*, maîtresse Muguette, n'hésitait pas à y aller de réflexions fielleuses sur Charles d'Effaire depuis qu'il avait engouffré rissoles et mistembecs[4] sans oublier deux cruchons de bon vin dans son établissement, puis refusé de payer. Muguette et sa jeune sœur Sidonie, qui l'aidait en cuisine, ne s'étaient pas laissé impressionner par l'arrogance du seigneur et avaient exigé paiement, plantées devant la porte, poings sur les hanches et la mine belliqueuse. Insolent jusqu'au bout, Effaire leur avait roté à la figure en déclarant :

– Hors de ma vue, les gueuses ! Vous puez toutes deux telles de vieilles puterelles et m'offensez les narines ! Je suis ici sur mes terres. Je prends ce qui m'appartient.

La scène, moult fois contée, avait ulcéré les habitués de l'auberge. D'autant que Muguette et Sidonie ne puaient pas – du moins pas plus que d'autres.

Jean, rassuré par les pépiements qui l'environnaient, progressa, vérifiant les lacets pour piéger les lapins qu'il avait posés deux jours auparavant. Il saliva à la perspective du bon ragoût au vin qu'il préparerait à sa marmaille. Pourtant, cette pensée l'attrista aussitôt. Sa femme défunte savait improviser de magnifiques plats, nourrissants, goûteux, à partir de presque rien. Veuf depuis trois ans, Jean n'avait toujours pas envie de se remarier. Si l'on excluait ce décès soudain, Jean Pataud admettait qu'ils étaient plutôt chanceux par rapport à d'autres, notamment les serfs. Ses quatre enfants et lui avaient un toit au-dessus de leur tête, un lopin de terre qui leur fournissait céréales et légumes, quelques moutons et poules. Et

4. Beignets à la pâte levée, roulés dans le miel.

puis Jean, qui n'avait de « Pataud » que le nom, n'était pas fainéant. Sa robuste carrure, sa vivacité d'esprit et sa probité encourageaient gros fermiers et artisans du coin à l'engager lorsque le travail affluait. Il braconnait avec habileté petit gibier et truites sur les terres de Charles d'Enfer pour améliorer leur ordinaire. Le temps doux et lumineux contribuait à sa bonne humeur. Une journée parfaite.

LE SERVAGE

Il s'agissait de l'état de non-libre, c'est-à-dire de l'esclavage, très répandu à l'époque. Le statut des serfs était variable en fonction des régions. Schématiquement, il existait deux formes de servage : l'une était héréditaire – qui se transmettait de mère à enfants –, l'autre était liée à la terre, et le serf pouvait s'en affranchir s'il offrait ses terres et son héritage au seigneur. Louis XVI abolit le servage dans les domaines royaux et la Révolution généralisa cette interdiction en 1789.

Soudain, Jean s'immobilisa, tendant l'oreille. Un grognement discret venait de l'alerter. Il tira son coutelas du fourreau pendu à sa ceinture et avança avec prudence en direction du bruit. Celui-ci cessa pour reprendre quelques instants plus tard. Un lynx[5], à n'en point douter. Certes, d'ordinaire, ces animaux n'attaquaient pas l'homme et préféraient la fuite. Mais s'il s'agissait d'une femelle accompagnée de ses petits et occupée à dépecer une proie, il risquait de bons coups de griffes.

Il siffla doucement, prévenant de son approche. Un nouveau grognement peu accueillant lui répondit.

---

5. Le lynx boréal très répandu en Europe (sauf en Grande-Bretagne) a totalement disparu de notre pays au XIXe siècle.

– Allez, ma vieille, déguerpis ! J'espère que tu n'es pas en train de boulotter mon lapin… enfin celui de notre bon seigneur. Bon, faut que tout le monde mange, mais mes petits à moi passent avant les tiens.

Bien que n'étant pas charognards, les lynx ne dédaignaient pas les proies fraîchement mortes.

Un bruissement de feuilles proche le rassura. Le lynx venait de prendre la fuite dans les fourrés, abandonnant le terrain.

Jean approcha, se méfiant quand même. Après tout, peut-être ferait-il une bonne affaire si l'animal avait tué un chevreuil. Un beau cuissot remplacerait avantageusement deux ou trois lapins et, en plus, celui-là, il ne l'aurait pas tué. Il se figea.

– Oh, par la sambleu ! s'exclama-t-il.

Jurons au Moyen Âge

Étaient très réprouvés tous les jurons comprenant le nom de Dieu. Pour biaiser cette interdiction, on conserva la sonorité en inventant des « versions » jugées non-blasphématoires avec le mot « bleu ». Ainsi, « par la mort de Dieu » devint « morbleu », « par le sang de Dieu » se transforma en « par la sambleu » ou « palsambleu », etc.

Le seigneur d'Effaire, ou plutôt ce qu'il en restait, gisait sur le dos, les yeux grands ouverts, sa cape noire étalée sous lui. Il avait été lardé de coups de couteau et son caleçon de chasse en cuir avait été abaissé sur ses cuisses. Jean en comprit vite la raison lorsqu'il remarqua la zone ensanglantée et tailladée où s'étaient jadis trouvés les organes génitaux. Émasculé. Il jeta un regard autour de lui en déglutissant avec peine, s'attendant presque à découvrir les testicules et le pénis tranchés tout en se demandant ce qu'il conviendrait alors d'en faire. Les morceaux de chair manquants sur le haut des cuisses avaient sans doute été arrachés après la mort par le lynx qu'il avait dérangé, ou d'autres prédateurs. Il fouilla du regard le sol aux alentours sans rien remarquer de particulier, tout en s'interrogeant : que décider ? Devait-il foncer au village afin de prévenir les habitants ? On ne pouvait laisser ainsi un cadavre de crainte que des charognards ne le mettent bien vite en pièces. D'un autre côté, Effaire était mort et bien mort, et Jean se faisait une telle joie de ramener quelques lapins pour améliorer l'ordinaire de ses enfants. D'autant que le seigneur ne risquait plus de l'accuser de braconnage. Les lapins d'abord, trancha-t-il. Une fois qu'il les aurait déposés chez lui, en cas de bonne fortune, il préviendrait les autres.

De fait, il ramassa quatre garennes. Une journée parfaite… enfin presque, n'eut été ce macchabée.

Ils chargèrent le corps tailladé de Charles d'Effaire sur une mule et le menèrent au château, un cube sinistre édifié en haut d'une colline. Trois serviteurs, tout aussi lugubres, vinrent récupérer le cadavre dans la cour intérieure. On ne leur proposa même pas un verre de cidre et c'est tout juste si on les salua lorsqu'on leur indiqua que leur présence n'était plus nécessaire. Ils ne virent ni les enfants ni la dame d'Effaire, si tant était qu'elle fût toujours en vie. Le père Odet, qui faisait partie de leur troupe, s'en étonna lorsqu'ils prirent le chemin du retour vers le village.

– Bon sang ! Quelle aimable réception ! Est-ce un effet de mon imagination ou avez-vous également remarqué que nul ne semblait attristé ni même… surpris du sort affreux réservé à leur maître ? Enfin, quoi ! Il s'agit quand même d'une émasculation et d'un assassinat très brutal !

Lucien, un manœuvrier[6] connu pour son franc-parler, lâcha :

– De juste, mon père. Ben, si ça s'trouve, y'en avait qu'étaient pas mécontents de s'débarrasser de ce coquin qu'avait ben vilaine réputation. Personnellement, j'm'en moque ! L'fils qui prendra la suite pourra pas être pis qu'le père.

– Comme vous y allez… Un homme est quand même mort, protesta mollement le prêtre.

– Y'a homme et homme ! Et dans l'cas d'celui-ci, j'en connais qui vont boire un coup à la Providence et souhaiter longue vie au meurtrier, dont les Charreste père et fils, vu qu'le coup des moutons leur est resté coincé dans l'gosier.

Jean Pataud, un peu dérouté, lui aussi, par la réaction des habitants du château, intervint :

– M'enfin… L'histoire peut pas en rester là ! C'est un assassinat, et d'un seigneur en plus ! Sans même parler du fait qu'on… la lui a tranchée. C'est quand même étrange, ça, non ? C'est le supplice réservé aux violeurs ou aux trousseurs de dames nobles.

– J'y ai moi aussi songé, admit le prêtre.

– Tout comme moi, intervint Pierre le Chauve, un ongle-bleu[7]. C'est'y pas la fille de Nicol, le tonnelier, qu'le seigneur avait culbutée sans trop lui d'mander sa permission ?

---

6. Les manœuvriers louaient leurs bras dans les fermes.

7. Employé qui teignait les tissus. On les appelait ainsi parce que certaines teintures leur coloraient le bout des doigts en bleu.

– Du moins à c'qu'a affirmé la fille, rectifia Lucien.

– T'as l'air d'en douter ? le questionna l'autre.

– Ben, l'est pas farouche, la mignonne, même si son père la croit pieuse.

– Bon, mais alors qu'est-ce qu'on fait ? insista Jean.

– Il revient au seigneur de lancer l'enquête et de condamner le coupable. Or… le seigneur est mort, résuma le père Odet. Le temps que Marc, son fils aîné, reprenne le flambeau… J'avoue… que j'aimerais assez en avoir le cœur net. Les odieuses rumeurs de commerce satanique qui courent au sujet de la famille d'Effaire sont-elles fondées ? Et puis, qu'est devenue la seconde épouse que nul n'a aperçue depuis des lustres ? J'espère qu'il ne s'agit pas de vile curiosité de ma part.

– Non, non, bien au contraire, très légitime d'la part d'un homme de Dieu, le détrompa Lucien qui, lui aussi, mourait d'envie d'en apprendre plus. C'est requérir justice. On peut pas laisser impuni un horrible meurtrier.

– Bien dit, renchérit Pierre le Chauve, lui aussi curieux.

– Je vais faire porter un message au bailli, qui a belle et probe réputation, décida le prêtre à la satisfaction de tous.

† L'enquête

Deux jours plus tard, le seigneur bailli Hugues de Lermogis arriva au village, escorté de deux gens d'armes, installés sur de robustes roncins[8]. Dès qu'il eut démonté, Lermogis ordonna à l'un de ses hommes de lui réserver la meilleure

8. Cheval de charge, moins rapide et fougueux qu'un destrier, mais robuste et résistant.

chambre de l'unique auberge du village, *Le Renard Bleu*, et se rendit à l'église afin de rencontrer le père Odet. Après quelques hésitations, celui-ci finit par confier au bailli que nombre de villageois avaient des griefs contre le seigneur d'Effaire, sur lequel circulaient de sombres rumeurs. Une bonne heure plus tard, Hugues de Lermogis en avait beaucoup appris sur les uns et les autres.

De belle noblesse, Lermogis était en effet connu pour sa rigueur, son intelligence, sa probité et son peu de patience. Il en fit vite la démonstration.

Marc, le fils aîné de feu Charles d'Effaire, eut le peu de bon sens de le recevoir dans la grande salle d'armes du château avec une morgue déplacée, ne l'invitant même pas à s'asseoir sur l'un des bancs poussés devant la grande cheminée. Cet « oubli » sentait tant le camouflet déguisé que le seigneur bailli s'installa sans demander permission, ce que lui permettaient son rang et sa fonction.

Marc crispa les lèvres de déplaisir mais n'osa pas relever.

– Vous disiez, messire Marc ? reprit Hugues de Lermogis.

– Que nous avions droit de haute, moyenne et basse justice, répéta le jeune homme d'un ton hautain.

– Vraiment ? Je n'ai pourtant pas le sentiment que vous en ayez fait usage depuis le trépas de votre père, il y a trois jours ? Qu'attendez-vous ? Que le meurtrier soit à l'autre bout du royaume ? Le prochain Noël, peut-être ? ironisa le bailli.

– C'est que… le choc…

– Le choc… ! Seriez-vous une donzelle[9] qu'il faille éventer ?

L'injure fit monter le rouge aux joues de Marc. Hugues de Lermogis n'aimait pas ce garçon. Un jeune fat trop bien né pour ses qualités. Ce qu'il avait glané comme informations plus que fâcheuses au sujet du père lui donnait envie de rectifier le proverbe : mauvais sang ne saurait mentir. En somme, tel père, tel fils. Lermogis était toutefois assez intelligent pour ne pas prendre ses antipathies comme argent comptant.

– Donc, votre père appréciait les longues promenades sylvestres ? À pied ? Hum… D'étranges rumeurs, très sombres, courent au sujet de votre famille, monsieur.

– Stupides paysans sans cervelle ! Juste bons à bouffer leur bouillie d'avoine et de raves !

– Hum… Pourquoi m'attendais-je à cette réponse, ironisa le bailli. Je souhaite m'entretenir avec madame d'Effaire, peut-être sera-t-elle en mesure de m'éclairer ?

Le visage arrogant s'effrita. Le jeune homme lança tout de go :

– Elle est souffrante, messire bailli.

– Vraiment ? Eh bien, je m'en voudrais de lui imposer un effort. Aussi, menez-moi à ses appartements.

– Sans doute… repose-t-elle.

La voix du bailli claqua tel un coup de fouet :

– Il s'agit d'un ordre, monsieur. À l'instant !

Après une dernière hésitation, Marc obtempéra.

Hugues de Lermogis dissimula sa surprise en saluant la très jolie femme, au visage d'une pâleur maladive. Des ragots

9. Femme ou jeune fille de qualité.

entendus çà et là, il s'était convaincu que la seconde épouse du seigneur avait trépassé, plus ou moins naturellement. Pourtant, Marie d'Effaire était bien vivante, quoique en mauvaise santé. Il débita ses condoléances mais elle l'interrompit d'un petit geste et murmura d'une voix essoufflée :

– Épargnez-vous, monsieur, des formules de politesse. La mort de mon époux me réjouit. Mes prières ont été entendues.

– Était-il si affreux ?

– Pis que cela. On prétend qu'il avait commerce avec le diable ? On se leurre : c'était le diable ! Marc, son fils aîné, est stupide, fat et colérique mais il n'est pas maudit, contrairement à son père. Je le haïssais. J'aurais fini par mourir. Béni soit celui qui lui a ôté sa vilaine vie. Accordez-lui, de grâce, votre plus grande indulgence. Il a rendu service à tous.

De fait, l'exécration qui crispait le beau visage sidérait le bailli, qui s'enquit :

– Savez-vous qui… aurait ainsi pu rendre service ?

– Non pas. Mais je l'aurais fait si j'en avais eu la force !

Hugues de Lermogis quitta peu après le château. Aucun des serviteurs interrogés n'avait pu lui fournir la moindre bribe d'information. Seule constante, tout le monde était soulagé du trépas du maître.

Il interrogea ensuite Urdin et Jacques Charreste, qui ouvrirent une bonne bouteille à la santé du tueur de Charles d'Effaire.

– Vous frisez le blasphème, reprocha le bailli.

– Ah bon ? On peut blasphémer contre l'diable ? lui balança Urdin.

Il n'en tira rien d'autre d'intéressant. Père et fils se trouvaient à la foire aux bestiaux située à cinq lieues[10] du village au moment supposé du crime. Jacques précisa :

– Et vu qu'on s'est pas mal enivrés à l'auberge du coin, où'ce qu'on a passé la nuit, ils vous le confirmeront. On leur a laissé pas mal de deniers, même que j'crois bien qu'y ont gonflé not'note ! Mais on était trop soûls pour faire le compte.

Le père Odet semblant exclu de la liste des suspects, ne restait donc que Nicol, le tonnelier.

Hugues de Lermogis lui rendit visite. Le petit homme nerveux au visage jaunâtre ne tenait pas en place. Son discours haché, incohérent, alors qu'il racontait l'agression honteuse dont avait été victime sa fille adorée, agaça vite le bailli qui tapa du poing sur la grande table de la salle de réception et exigea :

– Maître Nicol, au fait ! Le seigneur d'Effaire a-t-il oui ou non violé votre fille ? Si oui, pourquoi ne pas avoir porté plainte ? On ne plaisante pas avec la virginité des donzelles chez nous, sauf lorsqu'elles l'offrent volontiers ! Quant à une accusation mensongère envers un personnage de haut lignage, je vous rappelle qu'elle aurait été lourdement sanctionnée. La vérité !

Nicol le tonnelier se troubla et baissa le regard. D'une voix faible et embarrassée, il finit par avouer :

– Ben… C'est c'que ma fille m'avait d'abord raconté… que l'seigneur l'avait forcée. J'étais fou de rage, mais qu'est-ce que j'pouvais faire à part raconter notre malheur, pour que tout le monde sache quel gredin nous avions pour suzerain.

---

10. Une vingtaine de kilomètres, environ.

– Mais, prise de remords ou inquiète des conséquences si la rumeur fâcheuse remontait aux oreilles de Charles d'Effaire, elle a fini par avouer qu'elle s'était offerte à lui ! conclut le bailli.

– Oh, c'est pire que ça, bougonna le petit homme. Elle a couché avec un berger qui l'émoustillait.

Hugues de Lermogis quitta le tonnelier après avoir exigé qu'il raconte la vérité à tous ceux qui avaient prêté une oreille complaisante à ses ragots. On ne pouvait ternir aussi gravement la réputation d'un homme et encore moins sa mémoire.

Il n'avait donc plus aucun suspect. Dépité et énervé, il décida de reprendre l'affaire depuis le début. Il se rendit sur les lieux de la découverte du cadavre, escorté par ses gens d'armes, munis de pelles, ainsi que de Jean Pataud. Ce dernier remarqua une petite zone du sol dépourvue d'herbes folles, dont la terre avait été retournée peu avant. Un des gens d'armes n'eut pas à creuser très profond. Ils découvrirent ce qu'il restait du pénis du seigneur d'Effaire.

– Ben… manquent les cou… enfin, voyez c'que j'veux dire, messire, résuma le paysan.

– P'têt qu'une bête les a bouffées… On mange bien celles des bestiaux… proposa l'autre gens d'armes.

– Et elle aurait pris le soin d'enterrer à nouveau le reste ? lâcha le bailli. Pour te récompenser de cette intelligente théorie, tu iras rapporter… l'attribut viril de Charles d'Effaire au château. Rentrons.

Attablé à l'auberge du *Renard Bleu*, Hugues de Lermogis réfléchissait. Perdu dans ses pensées, il sursauta lorsque

Muguette déposa devant lui un cruchon de vin et une généreuse portion d'omelette au lard et au fromage, servie sur un tranchoir[11]. Son repas avait été préparé avec une célérité qui le surprit.

Ce meurtre suintait la haine et la vengeance : la force des coups de couteau, l'émasculation, la disparition des testicules, une mutilation qui n'avait pas été pratiquée au hasard. Il en revenait encore et toujours à une affaire de viol, dont un père, un mari ou un frère aurait vengé la victime.

– Merci, maîtresse Muguette. Cette omelette a l'air bien goûteuse.

– Pour vot'satisfaction, seigneur bailli, sourit l'aubergiste, une robuste femme, rouge de face et aux mains comme des battoirs[12], avant de repartir vers la cuisine.

Un couple pénétra et gueula le bonjour. M. de Lermogis y répondit d'un signe de tête. Muguette arriva aussitôt, salua chaleureusement et s'enquit de la commande des nouveaux clients en les installant.

– Ben, où t'est-ce qu'elle est Sidonie, on la voit plus depuis qu'ec jours ! beugla l'épouse.

– Elle… s'repose. L'a pas été bien d'deux jours et l'a pas dormi.

– Souhaitez-lui l'bon rétablissement d'not'part, intervint le mari.

11. Épaisse tranche de pain rassis qui servait d'assiette.

12. Instrument en forme de planchette qui servait aux lavandières à battre le linge pour le laver. Au figuré : larges mains.

Son repas vite terminé après une part de nougat tiède, Hugues de Lermogis décida d'aller discuter avec le père Odet. Il doutait fort de sa culpabilité mais le prêtre connaissait bien ses ouailles et avait déjà été une mine de renseignements.

Sa visite n'eut pas l'air d'enchanter l'homme d'église. Il sembla au bailli que le prêtre retenait des informations, biaisait un peu lors de certaines réponses.

PEU IMPORTAIT, AU FOND, PUISQUE M. DE LERMOGIS AVAIT ENFIN COMPRIS !

SOLUTION PAGE 203

Les boissons du Moyen Âge

On aimait bien boire au Moyen Âge. On trouvait d'ailleurs à cette époque des vignobles un peu partout en France, même dans le Nord. Au demeurant, même l'austère saint Benoît concédait dans sa règle la possibilité pour les moines de boire un quart de litre de vin à chaque repas puisque : « Il vaut mieux boire du vin avec modération que de l'eau avec avidité » ! Les moniales n'étaient pas en reste et nous devons, par exemple, le magnifique gigondas aux bénédictines de Saint-André-de-Provence et l'étonnant vin de paille du Jura aux religieuses de Château-Châlon.

Toutefois, on maîtrisait assez mal les fermentations et les vins se gardaient peu, notamment parce que leur degré d'alcool était relativement faible. Le vin était le plus souvent une valeur marchande, que l'on vendait. Bien des vignerons et monastères se contentaient donc de « piquette », une macération du marc de raisin dans de l'eau additionnée de miel, qui devenait de plus en plus insipide et aigrelette au fur et à mesure que l'on rajoutait de l'eau !

Autre boisson fermentée, le *sidre* (« cidre ») se trouvait sur toutes les tables. Contrairement à ce qu'on lit souvent, on en trouve déjà mention en France sous le roi mérovingien Thierry II, et les *Capitulaires* de Charlemagne évoquaient les « faiseurs de sidre ». Dès le XIe siècle, le sidre figurait dans les impôts dus aux monastères. Là encore, il devint vite une valeur marchande et les paysans qui le produisaient durent se contenter de *menu bère*, une autre « piquette » réalisée cette fois-ci avec le marc de pomme. Existait également le poiré, l'équivalent du cidre mais avec des poires, qui était à l'époque moins difficile à obtenir, puisque les variétés connues de poires étaient plus sucrées que celles des pommes, facilitant la fermentation.

Dès 3 000 ans av. J.-C., les Chaldéens connaissaient la distillation de solutions hydriques et en tiraient des parfums. En revanche, la distillation alcoolique fut plus tardive puisqu'elle supposait un alambic. On en trouve des traces en Perse au VIIIe siècle et l'on sait qu'elle existait en Irlande au milieu du XIIIe siècle. D'ailleurs, le *Roman de la rose* (vers 1270) en fait mention. Arnaud de Villeneuve (1230-1311 ou 1312), extraordinaire médecin, mit au point, entre autres, la distillation du vin pour en faire de l'eau-de-vie. Toutefois, il semble que ces alcools forts aient principalement été utilisés comme « médicaments ».

Quelques recettes prisées au Moyen Âge[1]

Infusions : on en buvait toute la journée, d'autant qu'elles possédaient également des propriétés médicinales. Sucrées au miel, elles étaient préparées à partir de verveine, menthe, mauve, angélique, thym, sauge, lavande, etc., seuls ou en mélange.

1. Pour les amateurs curieux, il convient d'être prudent en matière de fermentation. Certains micro-organismes contaminants peuvent rendre des produits immangeables ou imbuvables (au goût), voire dangereux. Toutefois, la fermentation alcoolique ou acide est un des plus vieux moyens de conservation des denrées.

Hypocras, ou ypocras : une des boissons très prisées au Moyen Âge. Il en existait diverses recettes et l'on consommait ce breuvage avec le dessert, voire avec un goûter les jours froids. Il se buvait le plus souvent frais mais parfois aussi tiédi. On laissait macérer 2 à 3 heures 1 litre de vin rouge sucré au miel avec 8-10 g de cannelle, parfois avec également un peu de gingembre. D'autres variantes mentionnent un hypocras au vin blanc, d'autres encore au vin rouge et blanc mélangés. Il s'agit donc de l'ancêtre de notre vin chaud aux épices.

Oenomel ou hydromel vineux : il en existait une multitude de recettes. Il semble que nous devions la recette de base aux Grecs de l'Antiquité, chez qui ce breuvage était censé apaiser les crises de goutte. Le degré d'alcool pouvait être très variable en fonction de la recette, et l'hydromel pouvait parfois être très « raide ». La recette la plus « pure » consistait à laisser fermenter un mélange de miel, d'eau et de jus de fruits (raisin ou autres) à parts égales, en laissant dans le mélange des épluchures de fruits ou du marc de raisin afin d'aider à la fermentation. Le mélange était ensuite filtré. Dans d'autres versions, on ajoutait ensuite du vin blanc, voire de la gnaule et des aromates, l'augmentation du pourcentage d'alcool permettant de le conserver plus longtemps.

Le lait de poule : considéré comme reconstituant pour les malades, convalescents et accouchées, jusqu'à nos jours, il était réalisé en battant un jaune d'œuf dans un demi-litre de lait, le tout très frais, sucré au miel. Le mélange était légèrement chauffé en tournant sans arrêt. Avant de le servir, il était éventuellement additionné d'une rasade d'alcool fort et de cannelle et/ou gingembre et d'une pointe de muscade.

Une célébration très arrosée

† Les prémisses

Bastien Coulard tituba en se relevant et en braillant :

– Ernestine, ben, qu'ec tu fous ? Allez, une aut' tournée pour mes bons amis ! Et apporte donc des beignets de moelle de bœuf. C'est pas tous les jours qu'on arrache le prix juste aux moines !

Ernestine, l'aubergiste, propriétaire de *La Grenouille Sourde*, commençait à en avoir assez de ces poivrots. Toutefois, Bastien était un très bon client, tout comme son père, Gilbert, qui fêtait volontiers ses bonnes affaires de tonnelier dans son établissement avec tous ses valets, commis et acheteurs. Père et fils étaient durs en négoce mais ne regardaient pas à la dépense. Ils s'entendaient tous deux comme larrons en foire pour se soûler et « taquiner la gueuse », ainsi qu'ils disaient. La pauvre Sidonie Coulard, jeune et timide seconde épouse du vieux Gilbert, n'avait le droit que de fermer les yeux et de se taire.

En revanche, les puterelles[1] plus ou moins professionnelles appréciaient beaucoup les deux hommes. Ils payaient bien, ne cognaient pas ni n'injuriaient, et leurs exigences restaient dans un registre assez classique. Aussi se pressaient-elles dans l'auberge dès que Coulard père ou fils, voire les deux, s'y atta-

1. Prostituées.

blaient. Une bonne aubaine pour Ernestine puisque ces dames – et moins dames – s'arrosaient volontiers le gosier et que, ma foi, bien que de langage peu châtié, elles étaient assez drôles, faisant le spectacle pour les autres. L'une d'entre elles, Murielle, une blonde plus si jeune mais à qui restaient des charmes, avait d'ailleurs accroché le fils Coulard ce soir-là. Hilare et ivre, elle hurla :

– Oh, mon minou, c'que tu m'plais !

– Ben, j'espère que c'est l'tien qui va m'plaire, ma belle ! rétorqua d'une voix imbibée Bastien Coulard pour amuser ses compagnons de beuverie, tout en plaquant une main sur les seins de la fille qui y alla d'un nouveau rire gras.

En dépit de son occupation de tenancière qui lui faisait côtoyer quelques gentilles familles mais surtout des ivrognes de tous poils, certains ayant le vin mauvais, Ernestine aimait les gens qui parlaient bien, sans semer leur propos d'obscénités. Elle adorait les bonnes manières, bref ce qu'elle rencontrait relativement peu céans. Veuve avec un jeune fils de dix ans, Urbin, n'ayant aucune envie de se remarier, elle ne supportait jour après jour les éméchés forts en gueule et en grivoiseries que grâce à son seul grand rêve : dans quelque temps, elle aurait amassé assez d'argent pour s'offrir une petite boutique de frivolités dans une ville de moyenne importance.

Car Ernestine n'était pas n'importe qui. Intelligente, elle savait lire, écrire et compter, ayant appris toute seule à force d'observer les autres. Elle arrivait même à déchiffrer un peu de latin. Elle s'était procuré à prix d'or une copie des poèmes de Marie de France qu'elle lisait et relisait sans jamais s'en lasser mais en pleurant toujours autant devant tant d'élégance, de finesse et de bel amour.

MARIE DE FRANCE

C'est la première femme écrivain-poétesse d'expression française connue. On ignore à peu près tout d'elle. Elle vécut durant la seconde moitié du XIIe siècle. Bien que française, elle aurait surtout séjourné en Angleterre, durant le règne d'Henri II et d'Aliénor d'Aquitaine. Peut-être fut-elle abbesse. Ses écrits et notamment ses lais furent extraordinairement célèbres. Traitant d'amour, parfois avec un fond fantastique, ils se terminent en général de façon malheureuse.

Ernestine plaignit vaguement Sidonie. La pauvre, orpheline, n'avait guère eu le choix d'épouser le père Coulard. Gilbert n'était pas un mauvais bougre et avait du bien. Certes, il était fort laid et sa trogne d'ivrogne n'avait rien d'engageant. Mais il ne restait plus rien des maigres biens familiaux à Sidonie, fille de petits artisans, une fois ses parents décédés et ses deux frères servis. Elle n'avait donc eu d'autre possibilité que le mariage, avec qui voulait bien d'une fille sans dot, aussi jeune et jolie, douce et effacée fût-elle.

Ernestine était fatiguée et n'avait qu'une hâte : que, fin soûl, Bastien Coulard se fasse remorquer à l'étage par Murielle et que ses compagnons quittent enfin *La Grenouille Sourde* pour pouvoir fermer. Elle fut exaucée de façon un peu différente mais plus rapidement qu'elle ne l'avait envisagé : soudain, Bastien s'écroula de tout son long sur le sol en dalles sombres, inconscient. Cette conclusion ne fut pas du goût de Murielle qui, moins imbibée qu'elle ne le faisait croire, couina, furibonde, en filant un petit coup de pied à la masse de muscles affalée et qui ronflait déjà :

– Ben, et moi ! Y croit quoi, ç'ui-là ? Que j'me suis rincé l'gosier toute la soirée, en écoutant ses plaisanteries crétines, pour repartir les mains vides ? Et les deniers promis ? Où qu'y sont ?

Ernestine jugea bon d'intervenir, ne serait-ce que pour en finir enfin et monter se coucher :

– T'inquiète pas ! Il est bon payeur comme son père. Reviens lui rafraîchir la mémoire demain au matin. Il sera tellement mal qu'il te réglera pour avoir la paix. Profite d'une nuit de repos offerte !

L'argument convainquit Murielle, qui décampa. Quatre gaillards hissèrent le corps inconscient de leur ami à l'étage en pouffant.

Une énorme fatigue s'abattit sur Ernestine dès le départ du dernier client. Elle ramassa les gobelets et cruchons qui traînaient encore sur les tables et les porta en cuisine. Elle les rincerait demain. Elle avait son compte pour la soirée et n'avait qu'une envie, s'écrouler sur son lit !

Elle récupéra la grosse clef toujours posée sur le manteau de la cheminée. Les dernières braises rougeoyaient dans l'âtre. Elle ferma la porte de *La Grenouille Sourde* avant de monter lourdement l'escalier jusqu'au palier de l'étage des chambres. Le ronflement sonore de Bastien Coulard lorsqu'elle passa devant sa porte lui tira quand même un sourire. Elle avança au bout du couloir et entrouvrit la porte de la chambre de son fils, Urbin, qui dormait à poings fermés. Enfin, elle put rejoindre la sienne, se déshabilla à la hâte et s'endormit sitôt la tête sur le coute[2].

Lorsqu'Ernestine ouvrit un œil à l'aube, tirée du sommeil par son maudit coq à qui elle promettait chaque matin de l'accommoder en civet, elle eut la sensation de s'être tout juste endormie. Elle en avait assez de cette vie. Bientôt, encore deux ou trois ans, elle aurait assez d'argent pour partir.

Elle se traîna hors du lit, s'aspergea le visage et le haut du corps de l'eau glaciale du broc d'ablution et se vêtit en baillant à se décrocher la mâchoire.

Elle descendit dans la grande salle. Urbin s'y trouvait déjà, attablé, et l'accueillit, un sourire aux lèvres. Il se leva et, désignant l'écuelle posée en face de lui, déclara :

– Tu t'es encore couchée très tard. Assieds-toi, je te sers un peu de soupe. Je l'ai faite réchauffer.

Elle déposa un baiser sur le front de son fils avant d'obtempérer en se laissant tomber sur une chaise devant l'âtre éteint. Quelle chance d'avoir ce petit, gentil, vif et toujours gai ! Son mariage n'avait guère été heureux, mais du moins en avait-elle obtenu Urbin et *La Grenouille Sourde*. La seule qualité qu'elle concédait à feu son époux avait été de trépasser bien vite.

Le regard fixé devant elle, elle termina son pain en essuyant les dernières gouttes de soupe épaisse aux raves, au lard et à l'orge. Elle jeta un œil peu amène vers la porte : une autre

2. Oreiller ou coussin.

interminable journée commençait ! Elle se leva sans enthousiasme et alla tourner la clef afin d'accueillir les premiers clients qui débarquaient au petit matin pour engouffrer une soupe épaisse et bien chaude avant de rejoindre champs, échoppes ou ateliers. Une seule consolation lui permit d'afficher son habituel sourire commerçant : à l'issue de la journée, elle aurait encore engrangé quelques beaux deniers qui la rapprocheraient davantage de son rêve !

Urbin fila à l'église où il aidait le prêtre, en compagnie d'autres gamins, en échange de l'enseignement de l'écriture et de la lecture. Ernestine avait exigé de son fils qu'il ne demeure pas « un nigaud sans connaissances ». Elle-même le faisait réviser, grâce au recueil des poésies de Marie de France, lorsqu'elle avait du temps.

Un pas d'éléphant lui fit tourner la tête vers l'escalier. Bastien Coulard, accroché à la rambarde, parvenant à peine à mettre un pied devant l'autre, descendait. Ernestine serra les lèvres pour retenir un rire : il avait un visage de déterré, verdâtre, les cheveux collés de sueur. Son chainse[3] d'une propreté douteuse battait contre ses mollets velus. Il plaqua sa main sur sa bouche et hoqueta :

– Vite… j'vas dégueuler.

– Ah non ! Pas dans l'escalier, cria Ernestine. Retiens-toi, je vais chercher un seau ou, sans ça, c'est toi qui nettoieras ! Les ivrognes, passe le soir, mais le matin, j'ai guère la patience !

3. Longue chemise que l'on portait à même le corps, sous les vêtements, ou la nuit.

Elle fila en cuisine et en revint à la vitesse de l'éclair. Bastien, assis sur la dernière marche, semblait très mal en point. Elle tourna le visage lorsqu'il dégorgea avec profusion dans le seau.

– J'ai la tête qui tourne. J'me sens les tripes en nœuds.

Il vomit à nouveau.

– Allez Bastien, lave-toi le bec à l'évier de la cuisine, tu pues. Je te prépare un rince-cochon, parce que tu en es un.

Il hocha la tête, penaud, et obtempéra.

Il eut du mal à avaler son pain, son lard et son fromage, accompagnés d'un grand gobelet de cidre brut.

– Euh… j'me sens toujours aussi mal, avoua-t-il.

– Bah, ou ça passe ou tu dégorges à nouveau. Au fait, tu me paies pour ta soirée de beuverie et Murielle veut la somme promise, avec ou sans consommation.

– De juste, approuva l'homme encore jeune. J'ai point trop dégoisé, j'espère. Enfin…

– T'as insulté personne, si c'est ce qui t'inquiète, admit-elle. Au moins, tu n'as pas le vin mauvais. C'est toujours ça.

Il soupira de soulagement. Quelques petites couleurs revenaient à ses joues.

– On dirait qu'ça va un peu mieux… se réjouit-il. Ernestine, j'suis…

– Désolé ? Comme d'habitude ! Mais les bons clients nous font vivre, mon fils et moi. Tu casses pas, tu cognes pas, bref, t'es toujours le bienvenu à *La Grenouille Sourde*, contrairement à d'autres qui…

Une trombe blonde pénétra à cet instant. C'était Murielle.

– Ouais, ouais… j'vais t'payer ! La rigolade, ce s'ra pour une aut'fois parce que là…

La mine grave, elle le fixa, les yeux écarquillés :

– Non… enfin si… mais… Ah, doux Jésus… ! Oh, mon pauv' gars… j'sais bien qu'tu… enfin qu'tu l'aimais…

– Hein ?

– Gilbert… ton père… l'a passé.

– Hein ?

– C'est l'vieux Nono qui l'a trouvé, c'matin en allant r'lever ses pièges à écrevisses, dans la Berthille, pas loin du pont. Noyé. Oh, mon pauv'gars ! répéta la fille de petite vertu, sincèrement attristée.

Des larmes montèrent aux yeux de Bastien. Tout le monde savait à quel point lui et son père s'amusaient ensemble, en plus de former un redoutable couple en affaires. Chancelant, il se leva :

– T'es sûre que… enfin, c'est bien mon vieux ?

– Oui da.

Ernestine en eut le cœur serré. S'adressant à Murielle, elle demanda :

– Et Sidonie ?

– Ben… l'a tombée en pâmoison[4]. L'est chez elle en crise nerveuse mais entourée de trois commères[5]. D'après c'qu'elle a pu conter, Gilbert avait pas mal picolé au soir…

– Comme d'habitude, l'interrompit Ernestine.

– Sauf que là, c'était pour la bonne cause… reprit Murielle. Sidonie venait d'lui annoncer qu'elle portait son petit. Bref, il a célébré, beaucoup. L'a eu une sorte de coup d'chaud et l'est sorti afin d'se rafraîchir. Sidonie est montée se coucher. Elle a dormi d'une traite jusqu'au matin parce qu'elle avait aussi un peu abusé de la bouteille pour la circonstance. Gilbert, quant à lui, était fin bourré. Nono pense qu'il a glissé sur la berge de la Berthille, qu'est boueuse en toutes saisons. Y'a une grosse pierre avec du sang, non loin d'où qu'on l'a r'trouvé dans l'eau, l'vêtement accroché aux branches basses d'aulnes. L'a dû s'cogner l'crâne et s'est noyé.

Hagard, bouche entrouverte, Bastien semblait incapable de prendre une décision. Il bafouilla :

– Sidonie est… grosse ?

– Ben ouais, acquiesça Murielle. Pas d'puis longtemps à ce qu'j'ai compris.

Ernestine décida :

---

4. S'évanouir.
5. À l'époque, il s'agissait de voisines agréables.

– Bon, mon gars, tu montes te vêtir et on y va.

Bastien hocha la tête et s'exécuta. Ernestine le vit baisser la tête et son dos tressauta. Il pleurait. Elle offrit un gobelet de cidre à Murielle qui déclara :

– Ça m'peine. C'étaient des joyeux lurons tous les deux. Pas des méchants. Et la pauv' Sidonie avec son p'tit dans l'ventre ! Bon, elle était cocue depuis l'jour de son mariage… mais, Gilbert la traitait avec égards quand même. L'est mignonne, pas trop futée, mais mignonne.

– Oh, je suis bien certaine que Bastien s'occupera d'elle et de l'enfant. Âpre au gain, comme son père, mais honorable.

† L'enquête

Bastien avait mis un temps fou à redescendre et ses paupières étaient rougies. Le choc avait atténué les vestiges de sa cuite.

Ils se rendirent tous trois sur les berges de la Berthille. Leur prêtre avait rejoint Nono, qui « gardait » le cadavre, ainsi qu'il l'expliqua.

– Ben, l'a quelques sous sur lui et un crucifix d'argent autour du cou. Ça pourrait tenter !

– Merci Nono, murmura Bastien d'une voix tremblante.

– J'suis désolé, mon gars. J'sais qu'tu l'aimais ton vieux, bafouilla le pêcheur, ému.

– Hum… Euh… mon père… la Sidonie est sous l'émotion. De plus, Murielle vient d'nous rapporter qu'elle était avec enfant… Pourrait-on… veiller l'corps ailleurs qu'à la maison ? demanda Bastien à l'homme d'église.

– Oh… Dieu du ciel, Dieu du ciel ! s'affola celui-ci. Bien sûr ! Nous allons le faire transporter dans la grange du croque-mort !

Ils s'éloignèrent de quelques pas afin de discuter des arrangements nécessaires. Murielle était pendue au bras de Bastien, et Ernestine la plaignit. Que croyait-elle ? Qu'en raison de son chagrin il allait épouser une presque puterelle ? Il est vrai qu'il s'agissait d'un beau parti pour une fille de son genre, brave, pas sotte, assez jolie, mais mal née et plus si jeune.

Ernestine observa attentivement le cadavre de Gilbert Coulard, les vêtements trempés, le visage blême, les doigts fripés de leur séjour dans l'eau très fraîche de la Berthille. Elle s'attarda sur la meurtrissure que portait la tempe droite. La peau avait été fendue en étoile, sur un bon pouce et demi de long[6].

Nono tendit un index déformé par une maladie de vieillerie[7], désignant, non loin de la berge, une grosse pierre qui présentait une arête redoutable, rougie de sang.

– À mon avis, vu qu'il était pas mal imbibé, l'a glissé, y s'est fendu l'crâne là-dessus et… l'est tombé dans la flotte.

Ernestine ramassa la grosse pierre, au contact moussu et frais dans sa paume. Du sang sur l'arête, à l'évidence. Sans qu'elle sache trop pourquoi, elle demanda :

6. Un pouce équivaut à 2,5 cm environ.
7. Arthrose.

– Belle moisson d'écrevisses ? Je suis preneuse. J'en ferai un plat goûteux pour un jour de maigre. Ça me coûtera moins cher que le poisson !

– Oui da, le coin est bon !

– C'est quoi, ton appât ?

– Secret !

– Enfin, Nono, tu peux bien me le dire en confidence. Je ne vais pas t'enlever ton gagne-pain ! Promis, je ne le répéterai à personne. Ma parole.

– Un beau foie de porc frais et sanguinolent. Elles s'ruent dessus, elles s'battent même. Ceux autres qui croient qu'faut d'la charogne se mettent le doigt dans l'œil, ma jolie ! Elles aiment la viande fraîche !

– Et quand faut-il poser les pièges ?

– Oh, à la tombée du soir. On les r'lève au petit matin. Elles se ruent, j'te dis. Les pièges sont pleins en qu'ec heures.

Et soudain, Ernestine comprit. Gilbert Coulard n'avait pas glissé, ne s'était pas cogné la tempe, et encore moins noyé, du moins par accident.

COMMENT PARVIENT-ELLE À CETTE DÉDUCTION ?

SOLUTIONS PAGE 206

Charades

1.

Mon premier est premier.

Mon deuxième est une version de « parlé ».

Mon troisième est un jeu inventé par deux dragons.

Mon tout est une couleur onéreuse au Moyen Âge.

2.

Mon premier est un genre.

Mon deuxième désigne un être avare.

Mon troisième est une céréale asiatique.

Mon tout est un lieu de détention.

3.

Mon premier est un de nos meubles les plus précieux et importants.

Mon deuxième est un adjectif possessif.

Mon troisième permet de communiquer et de se distraire même s'il peut devenir dérangeant.

Mon tout est un gastéropode très apprécié au Moyen Âge.

4.

Mon premier est un adjectif possessif.

Mon deuxième est un autre adjectif possessif.

Mon troisième est un endroit douillet apprécié par beaucoup d'animaux.

Mon quatrième est l'une des extrémités d'un chat.

Mon tout est une accusation très souvent portée au Moyen Âge.

5.

Mon premier est un adjectif possessif.

Mon deuxième est l'instrument indispensable pour jouer au billard.

Mon troisième est la dernière syllabe d'un jeu de fillette.

Mon tout est une très vieille profession.

6.

Mon premier est unique.

Mon deuxième est un pronom relatif.

Mon troisième est la septième note de la gamme.

Mon quatrième est l'action de couper du bois à plusieurs.

Mon tout fut une grande ombre sur le Moyen Âge.

7.

Mon premier est un des points cardinaux.

Mon deuxième est une ouverture pratiquée et munie d'une fermeture en rabat.

Mon troisième est les trois dernières lettres d'une délicieuse pâte à base d'olive.

Mon tout est un supplice très souvent pratiqué au Moyen Âge.

8.

Mon premier désigne l'action de viser une cible avec un projectile.

Mon deuxième est un adjectif possessif.

Mon troisième permet d'arrêter un fil.

Mon tout était un tissu apprécié au Moyen Âge.

9.

Mon premier est la teinte prise par une peau privée de soleil.

Mon deuxième est le pourcentage de variation d'une valeur donnée.

Mon troisième est le mur contre lequel accostent les bateaux.

Mon tout est une injure grave au Moyen Âge.

SOLUTIONS PAGE 210

ENTRE SEXTE[1] ET NONE[2]

† Les prémisses

Blanche, âgée de dix-huit ans, avait été désignée semainière d'autels, une tâche si agréable qu'elle s'apparentait à une récompense, et était très convoitée par les jeunes moniales et les novices. Quoi de plus plaisant que de faire le tour des autels, en commençant bien sûr par celui de l'abbatiale Sainte-Marie. Les semainières chargées de cette mission remplaçaient les cierges à demi consumés. Ils étaient ensuite à nouveau fondus et transformés en beaux et hauts cierges. Elles vérifiaient que tout était prêt pour les offices, puis changeaient les bouquets qui fleurissaient les autels. Quel bonheur dès le printemps et l'été de se rendre aux bouquetiers[3] où s'épanouissaient roses de Damas et lys ! Toutes s'émerveillaient de la perfection des fleurs, de leur irrésistible parfum, des abeilles qui s'affairaient autour dès le lever du jour, butinant dans un bruissement soyeux d'ailes. Blanche y voyait une preuve de la bonté de Dieu. Il avait créé les fleurs pour réjouir Ses créatures humaines et pour nourrir les abeilles qui, en échange, produisaient du miel. Quel magnifique agencement !

Blanche se félicitait chaque minute d'avoir rejoint l'abbaye de bernardines du Bon-Sauveur – après une enfance qui ne lui laisserait guère d'agréables souvenirs. Elle s'acquittait de ce

1. Vers midi.

2. Entre 14 et 15 heures.

3. Jardin strictement ornemental d'une abbaye ou d'un château, réservé à la culture de fleurs, principalement à destination des autels et à l'agrément.

fait de toutes ses tâches, aussi ingrates fussent-elles, avec le même enthousiasme et la même énergie. Elle vidait les carpes du vivier après qu'un serviteur laïque les ait tuées, remplaçait la paille souillée de fientes des nids des poulaillers, trayait les vaches, alimentait le four à pain en bûches, aidait à récolter le miel, ravaudait draps, bas et robes, dépoussiérait les livres de la bibliothèque, traquant le moindre insecte dévoreur de pages avec bonne humeur et application. Et puis, servir au mieux sa mère abbesse, Catherine de Milorand, était à ses yeux un rare privilège. Blanche éprouvait une admiration sans borne pour leur abbesse, une femme remarquable, intelligente, bonne, qui en quelques années avait conféré un rayonnement unique à leur monastère.

Certes, nulle entre leurs murs n'avait oublié l'effroyable meurtre de sœur Marie-Bernadette, leur irascible mais compétente sœur pitancière[4], frappée, puis noyée dans le vivier à carpes par une jeune novice du nom d'Adèle qui volait l'abbaye afin de se constituer un petit pécule et de prendre la fuite pour rejoindre le monde laïc. Toutefois, après la stupéfaction, l'indignation et le recueillement, la vie avait repris son cours. Blanche l'admettait : en dépit de la stricte observance de la règle de saint Benoît, l'existence était assez paisible dans ce couvent qui s'étendait sur des centaines d'hectares. Elles étaient protégées, ne manquaient pas de nourriture, et avaient un toit pour s'abriter. Elles étaient relativement épargnées par les épidémies qui sévissaient à l'extérieur, et, surtout, aucun pouvoir, hormis celui du pape, ne pouvait rien exiger d'elles. Chaque fois, Blanche songeait qu'étant sans dot,

4. Sœur chargée des cuisines et de l'organisation des repas.

d'un physique quelconque, ses parents l'auraient mariée au premier venu afin de se débarrasser d'une fille surnuméraire. Peut-être serait-elle tombée sur un homme honorable qui l'aurait traitée avec égards, peut-être pas. Vraiment, elle était comblée de se trouver en ce lieu !

Ce mercredi-là, les sept bouquets qui fleurissaient l'abbatiale commençaient à flétrir. Blanche fit une grosse brassée des fleurs tombantes, jeta l'eau dehors et remplit les vases à la fontaine qui glougloutait non loin.

Prime puis la messe ne tarderaient plus, et elle comptait s'interrompre afin de ne pas déranger l'office.

LES OFFICES LITURGIQUES

Les « heures » correspondant aux périodes lumineuses ou obscures, elles variaient en fonction de la saison. Les vigiles ou matines avaient lieu entre 2 et 3 heures ; laudes avant l'aube, donc entre 5 et 6 heures ; prime au lever du soleil, donc entre 7 et 8 heures, avant la messe ; tierce entre 9 et 10 heures ; sexte vers midi ; none entre 14 et 15 heures ; vêpres à la fin de l'après-midi, entre 16 et 18 heures, au soleil couchant (les moines et moniales ne pouvaient dîner qu'après) ; complies entre 18 et 20 heures. S'ajoutait une prière de nocturnes vers 22 heures. Cette succession limitant considérablement le temps de travail, une activité fondamentale de la règle de saint Benoît, l'office divin fut réduit dès le XIIe siècle.

Elle sortit de l'abbatiale juste au moment où le vieux père Sabin grimpait avec peine les marches du porche principal, en s'agrippant d'une main au mur de pierre. Elle se précipita afin de l'aider, la maladie de vieillerie[5] lui raidissant jambes et dos au point que chaque pas lui devenait pénible. Seul un prêtre

5. Arthrose.

ordonné pouvait recueillir les confessions et célébrer l'office divin. Aussi le vieux Sabin avait-il été installé par Mme de Milorand dans une maisonnette qui s'adossait au haut mur d'enceinte de l'abbaye.

– Comment allez-vous, mon père ?

– Oh… pas pire, pas pire… C'est que je dors fort mal, mon petit.

Blanche sentit que le vieux prêtre allait encore lui conter toutes ses douleurs, ses mauvaises digestions sans oublier ses gaz et ses dents branlantes, du moins celles qui s'accrochaient encore dans sa bouche. Elle s'en voulut de son impatience. Il était très vieux, un peu aveugle et presque sourd, et elle devait se montrer plus charitable. Après tout, père Sabin s'était occupé sa vie durant des ouailles de la bourgade voisine avant de rejoindre leur monastère pour servir jusqu'à sa mort. Il s'emmêlait parfois au cours de l'office, s'interrompant, le regard perdu dans le vague, souriant aux anges et Berthe, la cellérière[6], lui soufflait la suite. « Souffler » était un bien grand mot, Berthe ayant une voix de stentor en dépit de sa silhouette gracile. Évidemment, toutes les jeunes moniales et les novices dissimulaient alors leurs pouffements derrière leurs mains jointes.

Il s'appuyait si lourdement sur Blanche qu'elle fournit un effort pour ne pas s'écrouler sous ce fardeau humain et le mena jusqu'au narthex[7] avant de prendre congé, le laissant essoufflé.

6. Sœur chargée de la gestion de l'abbaye.

7. Vestibule d'une église.

Blanche songea qu'elle allait inventorier les bouquetiers afin de sélectionner les fleurs qu'elle couperait plus tard. Chantonnant, elle se dirigea vers le palais abbatial qui abritait les logements et les bureaux de l'abbesse et de sa grande prieure, Clotilde Barnabé. Les bouquetiers s'étendaient ensuite sur une pente douce. Elle s'attarda dans les allées des jardins ornementaux, humant, souriant, riant parfois lorsqu'elle dérangeait des insectes affairés autour des cœurs offerts sous le doux soleil de ce début de matinée. Elle songea qu'il ne serait pas raisonnable de traîner davantage, et soupira. Elle allait aider un peu en cuisine, bien que n'ayant pas été désignée pour cette tâche, puis s'attaquerait au remplacement des bouquets peu avant none, lorsque l'abbatiale et les chapelles seraient désertes.

Au moment où elle refermait derrière elle la porte de la petite barrière en bois qui protégeait les fleurs, elle sentit une présence dans son dos et se tourna vivement. Un jeune serviteur laïc se tenait derrière elle. Il retira son bonnet de feutre en marque de respect, l'air embarrassé.

– Oui ? s'enquit Blanche.

Baissant les yeux, se dandinant, mal à l'aise, il bafouilla :

– Euh… not'bonne sœur… c'est rapport aux… giroflées qu'on m'a dit d'planter…

– Et ? l'encouragea Blanche avec gentillesse.

– Ben… La bonne sœur apothicaire les veut au milieu des lys et… ben… vont pas pousser, vu qu'les giroflées sont moins hautes et qu'les lys vont les étouffer…

Barbe, l'apothicaire, associait deux défauts majeurs aux yeux de certaines : son caractère difficile et une compétence discutable. Cette dernière caractéristique faisait redouter à la plupart d'expérimenter ses remèdes, hormis les traditionnelles infusions de mauve, de thym, de romarin ou de verveine dont on ne pouvait guère redouter d'effets désastreux.

Les simples[8] au Moyen Âge

Les plantes médicinales étaient la base des médicaments, même si on utilisait aussi des pierres et des dérivés animaux, dont la vipère sous toutes ses formes. La cueillette des simples s'effectuait à des périodes spécifiques, de jour ou de nuit, voire à la pleine lune, en fonction des végétaux. Si beaucoup des propriétés thérapeutiques accordées alors aux plantes sont erronées, et notamment leurs effets antipoison (l'angélique ou la rue fétide, au contraire toxiques, par exemple), d'autres se sont vérifiées, comme le saule antidouleur et antifièvre (dont on a tiré l'aspirine). Une des plus célèbres herboristes-apothicaires fut sans conteste Hildegarde de Bingen (1098-1179), abbesse, qui vécut plus de quatre-vingts ans, un record à l'époque !

Réprimant un sourire amusé, Blanche décida :

– En effet. Eh bien, plantez-les autour afin qu'elles reçoivent leur juste part de lumière.

– Euh… oui mais qu'est-ce qu'elle va dire, l'apothicaire ? s'inquiéta-t-il.

– Comment vous nommez-vous ?

– Luc, ma sœur.

– Si elle s'en préoccupe, il suffira, Luc, que vous la complimentiez sur son choix judicieux : planter les giroflées autour des lys et non pas dans leur massif.

8. Plantes médicinales.

– C'est mensonge !

– Non pas. Je suis bien certaine que c'est ce qu'elle voulait dire, elle se sera seulement emmêlée dans ses mots.

Le jeune homme dissimula à son tour un mince sourire et hocha la tête avant de ramasser la doloire[9] abandonnée à ses pieds.

Amusée, Blanche rejoignit les cuisines. Serviteurs et novices s'affairaient afin de préparer les repas de ce jour maigre et celui du déjeuner[10] de l'aube suivante. À la demande d'une très jeune novice, Angélique, semainière de cuisine, Blanche releva ses manches et aida à garnir les fonds de tartes blanches, salivant à la perspective de déguster ce dessert réservé au lendemain matin. Fait de fromage frais, d'œufs, de saindoux, de miel et rehaussé de gingembre, sa couleur d'un blanc laiteux en faisait un mets prisé, puisque l'on associait le blanc à la pureté, même en matière d'aliments. De plus, la soupe aux raves et aux feuilles[11] qui serait servie avant n'avait rien de particulièrement séduisant. Certes, l'habituel verre de piquette[12] accompagnerait leur maigre festin, mais Blanche n'avait guère de goût pour ce breuvage aigrelet que l'on obtenait en faisant tremper dans l'eau le marc de raisin restant après le pressurage, le bon vin étant vendu à l'extérieur. Le temps fila si vite qu'elle fut surprise lorsqu'on annonça le retour de ses sœurs au réfectoire. Elle les y rejoignit afin de se restaurer.

Après le repas pris en silence, en accord avec la règle, elle fonça aux bouquetiers munie d'un couteau afin de prélever les fleurs.

---

9. Hache à long tranchant utilisée, entre autres, par les charpentiers et les charrons.

10. L'équivalent de notre petit déjeuner.

11. Tous les légumes à feuilles.

12. Il s'agissait d'une boisson « économique » que l'on boira jusqu'au XXe siècle, souvent additionnée de sucre.

Blanche s'activa durant une bonne demi-heure, décourageant de gestes doux de la main les abeilles agacées par son intrusion. Enfin satisfaite par l'énorme brassée de lys et de roses qu'elle avait cueillie, elle se dirigea vers l'abbatiale Sainte-Marie, s'étonnant vaguement de ne pas voir les pieds de giroflées plantés par le jeune Luc.

La soudaine fraîcheur et la pénombre de la nef la firent frissonner. Elle avait posé les fleurs sur l'autel lorsqu'un détail la troubla : le bois nu et sombre. Où donc était passé le magnifique antependium brodé que l'on suspendait sur le devant ? Interloquée, elle se pencha pour regarder sous l'autel et retint un cri. Un corps gisait, enveloppé dans le panneau de toile brodé. Seules deux grosses chaussures à semelles de bois en dépassaient. Des chaussures d'homme. Blanche s'agenouilla. Elle déglutit avec peine à la vue de la tache rouge qui souillait la toile au niveau de ce qui devait être le visage, et tira un coin du bout des doigts. La face ensanglantée du père Sabin parut, déchiquetée par des coups d'une rare violence qui avaient transformé le haut des joues, les tempes et le front en pulpe rouge sombre, avec laquelle contrastait le regard bleu opaque du mort. Un bâillon fait d'une épaisse bande de lin était appliqué sur sa bouche. Elle se redressa si vivement qu'elle se cogna la tête à l'autel, puis se rua vers la sortie.

L'émoi fut bien vite à son comble, en dépit des recommandations de la mère abbesse. Entourée d'une nuée de ses filles qui se pressaient les unes contre les autres afin de se rassurer, Catherine de Milorand remonta la nef d'un pas vif, le visage grave, tenant la main de Blanche. Elle s'arrêta à quelques pas de l'autel, environnée par les murmures apeurés. Agacée par ce brouhaha, elle se tourna et ordonna :

– Il suffit ! Recueillez-vous en silence !

Elle fut aussitôt obéie. Pourtant, Blanche jugea l'implacable silence qui s'abattit soudain encore plus effrayant.

S'adressant à sa jeune moniale, Mme de Milorand s'enquit à voix basse :

– Blanche… ne pourrait-il pas avoir trépassé d'une… faiblesse de cœur… ou à la suite d'une chute… ou, que sais-je ?

– Il est enveloppé dans l'antependium, ma mère… et surtout… son visage porte la marque de… blessures importantes… assenées avec une grande violence. Quant au reste… je n'ai pas osé soulever complètement la toile.

– Ah, Dieu du ciel, un monstre, un maudit ! murmura dans un souffle l'abbesse en plaquant sa longue main fine sur son crucifix de bois.

Catherine de Milorand prouva aussitôt qu'elle était à la hauteur de sa réputation. Elle se redressa de toute sa courte taille et intima aux serviteurs laïcs mandés par elle :

– Tirez avec délicatesse notre cher frère et… ôtez-lui ce… linceul improvisé.

Les deux hommes s'exécutèrent sans proférer un mot.

Des exclamations de stupéfaction, d'horreur et d'indignation s'élevèrent de la haie de moniales qui entourait l'abbesse. Elle les fit taire d'un geste. Blanche, les yeux écarquillés, fixait le pauvre cadavre malmené. Le seul mot qui lui vint à l'esprit fut : boucherie. La robe de bure blanc cassé du père Sabin portait de multiples traces de sang, notamment à la poitrine, preuve que les coups avaient plu ailleurs que sur son visage.

– On aura profité que nous nous trouvions toutes au réfectoire pour lui infliger… cette horreur, déclara Blanche.

Se souvenant du talent avec lequel sa fille avait élucidé le meurtre de leur pitancière Marie-Bernadette, Mme de Milorand décida d'une voix forte :

– Ma chère Blanche… pensez-vous parvenir à identifier le monstre qui a commis cet impardonnable péché ?

Blanche se sentit rougir de bonheur : quel honneur, quelle magnifique responsabilité d'être ainsi désignée.

– Je puis m'y employer, de toutes mes forces, madame ma mère.

– Vous avez carte blanche.

Se tournant vers ses filles, tétanisées, elle ordonna :

– J'entends que chacune d'entre vous aide Blanche dans son enquête. Désignant les serviteurs laïcs d'un geste de main, elle poursuivit : Vous autres, transportez le corps en l'infirmerie. Que l'on procède à sa toilette. Allons.

L'abbesse sortit, escortée par ses filles, à l'exception de Blanche.

Les serviteurs laïcs soulevèrent la dépouille sanglante et l'emmenèrent.

† L'enquête

La jeune fille termina sa tâche. Il n'y avait aucune raison que les fleurs qu'elle venait de couper dépérissent de ne pas avoir été mises dans l'eau. Des questions ne cessaient de tourner dans son esprit pendant qu'elle s'affairait : pourquoi tuer un vieux prêtre, un peu sénile, d'autant qu'il s'agissait d'un des crimes les plus sévèrement punis ? Avait-il possédé quelque chose de valeur, le lui avait-on dérobé, s'en était-il aperçu, le voleur avait-il pris peur et décidé de l'occire ?

Après un dernier regard appréciateur pour ses bouquets, elle décida d'en avoir le cœur net. D'un pas alerte, elle descendit la travée occidentale. Elle trébucha sur un obstacle et manqua de s'affaler sur les dalles de pierre noire. Elle récupéra avec prudence, ce qui dans la semi-pénombre ressemblait à un bâton… non, à une hache ! Son cœur s'emballa et elle courut vers la sortie, vers la lumière. Une doloire. Une doloire dont le fer et le manche étaient recouverts d'une gangue rouge marron, du sang séché. Comment se nommait ce jeune serviteur laïc qu'elle avait croisé plus tôt à la sortie des bouquetiers ? Luc. Luc avait récupéré sa doloire posée au sol. Toutefois, il s'agissait d'un outil assez classique, et Blanche ne doutait pas qu'il en existât une bonne cinquantaine dans l'abbaye. Elle examina ce qui avait, à l'évidence, servi d'arme contre le père Sabin. Quelques cheveux gris étaient collés dans le sang maculant le fil de la large lame incurvée. Au tiers supérieur du manche, elle distingua nettement l'empreinte d'une main, ou plus exactement celle de quatre doigts plaqués sur le flanc droit de l'arme improvisée et d'un pouce les dominant. Elle tenta en vain de déterminer s'il s'agissait d'une main féminine ou masculine. Dissimulant la doloire ensanglantée derrière le lourd battant sculpté de la porte principale, elle fila ensuite vers la maisonnette qu'occupait le prêtre.

Adossée au mur d'enceinte de l'abbaye, elle n'était guère vaste, quoique pimpante avec son jardinet et ses volets clos repeints de frais. Blanche s'étonna qu'un gros verrou ferme la porte. À sa connaissance, seuls deux bâtiments bénéficiaient d'une telle sécurité : le logement de l'abbesse, qui abritait le coffre, et l'herboristerie, afin qu'une sœur saisie d'un malaise ou d'une douleur n'y prélève pas, en l'absence de l'apothicaire, un remède pouvant se révéler mortel. Perplexe, elle hésita. Néanmoins, l'abbesse avait placé sa confiance en elle et elle ne pouvait la décevoir. Elle contourna donc la petite bâtisse et s'attaqua à l'un des volets mal fermé. En cette époque où le verre était rare et très cher, les ouvertures de fenêtres étaient protégées à l'hiver de peaux huilées. Aux beaux jours, on se contentait de rabattre les volets afin de décourager d'éventuels larcins. Or nul ne volait en cette abbaye, puisque personne ne possédait rien en propre. La fenêtre qu'elle démasqua ouvrait sur une petite chambre. Blanche jeta un regard furtif alentour et, relevant sa robe, grimpa sur l'appui puis sauta à l'intérieur. Une odeur de poussière, de moisi et de vieillard mal tenu lui parvint. Elle en conçut de la pitié. Le pauvre ! Entre ses rhumatismes et ses problèmes de vision, il devait éprouver des difficultés lors de sa toilette. Elle s'avança vers le lit en désordre. Son regard balaya la couverture rabattue et les draps grisâtres de crasse. De multiples auréoles, évoquant des taches de lait ou de blanc d'œuf séché, la surprirent. Elle comprit vite leur nature : elle avait eu huit frères. Comment se pouvait-il ? Un vieillard et un homme de Dieu, soumis à l'abstinence !

Elle examina avec soin la pièce. Un lit, un tapis ovale de laine élimée, une armoire de vilain bois, une table de toilette sur laquelle trônait une cuvette, dans un coin, une pile de livres recouverts d'une épaisse couche de poussière, témoignant de leur délaissement. Elle s'en approcha et les souleva. Des ouvrages de théologie qui ne semblaient guère avoir récemment captivé le prêtre. Quelque chose manquait. La réponse fusa dans son esprit : un crucifix. Cette absence provoqua en elle un curieux malaise.

Durant l'heure qui suivit, Blanche inspecta le reste de la petite maison, qui ne comptait que deux pièces et un réduit faisant office de cuisine. Un panier d'osier était posé sur l'appui de fenêtre, renfermant les restes du repas du prêtre. Une novice était chargée de lui apporter des vivres chaque jour au matin. Elle en inventoria le contenu : un bout de pain, quelques croûtes de fromage, une couenne de lard et des noyaux de prunes sèches. Partout régnait un désordre et une saleté qui n'étaient pas de mise entre leurs murs, mais que pouvait excuser le grand âge du père Sabin. Un seul endroit semblait avoir fait l'objet d'un peu de soin, un coin de la salle d'étude, proche d'une fenêtre qui donnait sur les jardins du cloître. Un lutrin au lourd pied sculpté y était poussé. Blanche s'en approcha. Une bible à la belle couverture de cuir patiné y était posée, à côté de mines de charbon taillées, comme celles qu'utilisaient Berthe, la cellérière, dont les talents pour le dessin étaient de notoriété commune. Intriguée par cette proximité, Blanche ouvrit le Saint Livre. Une fine liasse de feuilles était glissée au milieu, dans l'Évangile selon Saint-Matthieu. Elle les saisit et les examina, manquant tomber à la renverse d'indignation. Des dessins. Des dessins obscènes mettant en scène le vieux prêtre et des sœurs, voire d'autres femmes, plus exactement des fillettes, dans des postures sans ambiguïté. Il s'était paré sur chacun des croquis malhabiles d'un sexe énorme et particulièrement raide. Les larmes montèrent aux yeux de la jeune fille, qui referma la bible blasphémée. S'expliquait l'absence de crucifix dans la chambre. L'immonde père Sabin n'avait pas été jusqu'à désacraliser le Christ souffrant en se livrant à ses ébats solitaires sous lui.

Mme de Milorand la reçut sur-le-champ. Blême jusqu'aux lèvres, elle détailla les répugnants dessins étalés devant elle.

– Je suis désolée de vous avoir involontairement infligé ce spectacle, ma chère fille. Seul ce vieux porc peut être l'auteur de ces… de ces… orduperies. Vous sentez-vous le courage de poursuivre ?

– Si fait, madame ma mère, mais… enfin… le scandale…

– Je m'en moque ! tonna l'abbesse. S'il a déshonoré sa robe, il sera enterré comme la pourriture qu'il fut et certainement pas dans le cimetière des religieuses. Je veux que vérité soit faite. Toute la vérité.

– Il me faudrait aller au village où père Sabin officia durant si longtemps, et espérer que des langues se délient. Mais notre ordre me l'interdit.

– Vous en avez permission exceptionnelle. Vous serez toutefois escortée d'Hermione, notre chambrière[13], à qui je vais recommander de… préférer le silence et la diplomatie.

Hermione était en effet connue pour son franc-parler et son manque assez amusant de subtilité.

Contrairement à ce qu'elle avait redouté, Blanche parvint à tirer des allusions, certes prudentes, de certaines villageoises que les deux moniales interrogèrent le lendemain. Les manières douces, affables et rassurantes de Blanche inspiraient confiance. De plus, fidèle à sa promesse, Hermione ne pipait mot, se contentant de hocher la tête. Une robuste commère qui tenait l'étal du boulanger y alla même d'un :

– Ben, c'est pas trop tôt, ma sœur, avec vot'respect ! Ça, j'peux vous dire qu'on n'a pas pleuré quand ce vieux répugnant a été remplacé…

La femme se tut, semblant regretter d'avoir trop parlé.

– Pourriez-vous être plus précise, ma fille ? demanda Blanche, toujours surprise d'appeler ainsi une femme qui avait l'âge d'être sa grand-mère.

– On sait c'qu'on sait, biaisa l'autre.

– Si ce que nous soupçonnons est avéré, il pourrait être excommunié, insista Blanche.

– Et ça nous f'ra une belle jambe, à nous autres ! ironisa la maîtresse femme.

L'impatience avait gagné Hermione, et le silence imposé par l'abbesse lui pesait. Elle tonitrua :

13. Sœur chargée du linge et des vêtements.

– Trêve de reculade, la femme ! Nous pensons que père Sabin a gravement dévoyé sa robe et ses vœux et que c'est pour cette raison qu'il a été tué.

– Il a été tué ? vérifia la femme, un sourire satisfait aux lèvres.

– Le visage réduit en bouillie.

– C'est pourtant pas avec ça qu'il avait péché, et moult fois… vieux porc ! persifla la commère.

– Pourquoi ne pas vous être plaintes à l'évêque ? s'enquit Blanche, sincère.

Un rire moqueur lui répondit d'abord, puis :

– Elle est bien bonne, celle-là ! L'ordure savait nous presser pour ramasser nos moindres sous. L'évêque l'appréciait donc beaucoup. Y nous aurait pas crues, ou alors il aurait préféré étouffer l'affaire et c'est encore nous qu'on aurait eu des ennuis. N'empêche qu'le salopard de prêtre, l'a eu raison de décamper chez vous autres, au monastère. Y a des gars d'chez nous qui lui auraient réservé un sale tour… p'têt pas jusqu'à lui écrabouiller la trogne mais une bonne volée, au moins, histoire d'le faire réfléchir. Pour faire ces saloperies, c'était pas un homme de Dieu, donc, y'avait pas crime. On n'osait plus envoyer les gamines seules à l'église. Mais même les autres femmes… fallait toujours qu'y s'colle à vous, qu'y s'frotte la… enfin voyez c'que j'veux dire.

Blanche se souvint qu'en effet le père Sabin s'était affalé sur elle lorsqu'elle l'avait aidé à gravir les marches de l'abbatiale et qu'elle l'avait trouvé bien rouge et essoufflé une fois parvenu en haut. Un frisson de répulsion la parcourut.

Lorsqu'elles prirent congé et sortirent de la boutique, Hermione déclara :

– Bien… il va nous falloir interroger tous les serviteurs laïcs de l'abbaye, car je doute qu'une femme ait tué avec tant de brutalité.

– Oh, ce ne sera pas utile, ma chère sœur. Et puis… une femme à bout de nerfs, révoltée, était parfaitement capable d'occire son tortionnaire de la sorte.

COMMENT BLANCHE A-T-ELLE COMPRIS QUI ÉTAIT LA MEURTRIÈRE OU, DU MOINS, LA VICTIME POUR LAQUELLE ON A TUÉ LE PRÊTRE ?

SOLUTION PAGE 212

Envie d'un jardin de sorcière du Moyen Âge ?

Si les plantes peuvent soigner, elles peuvent également tuer et/ou provoquer des effets totalement interdits et lourdement condamnés au Moyen Âge : effet contraceptif et abortif. Certes, le Moyen Âge surestima grandement certains effets des plantes. L'angélique, par exemple, était parée de toutes les vertus, pour toutes les maladies ou presque, et était aussi censée lutter contre les poisons ou les morsures de serpents, au point qu'on la trouve déclinée en potions, infusions, desserts, boissons, pâtes de fruits, etc. La plante est certes utilisée en phytothérapie, dans de nombreuses indications : antiseptique, stimulant, diurétique, expectorant, etc.

Un jardin de sorcière inclura donc l'angélique, puisqu'il y a aussi de gentilles sorcières qui soignent, d'autant qu'il s'agissait d'une plante incontournable au Moyen Âge et qu'elle attire les indispensables abeilles, dont la raréfaction est très inquiétante pour nos cultures ! De plus, elle pousse haut et produit des feuilles d'un vert intense et de charmantes ombrelles de fleurs. L'angélique n'est pas dépourvue de toute toxicité puisqu'elle fait partie des plantes photosensibilisantes, comme le céleri. Cette propriété explique pourquoi certains mendiants s'en frottaient la peau afin de provoquer des dermatites et d'apitoyer les passants.

La plupart des plantes qui suivent sont toxiques et parfois mortelles. Elles sont donc à proscrire dans les jardins fréquentés par des enfants et il convient de se laver soigneusement les mains après leur manipulation. Toutefois, beaucoup de plantes sont dangereuses, dont l'attendrissant muguet !

Le rue fétide ou herbe de grâce, Ruta graveolens *(toxique)*

Que de superstitions entourent cette rutacée aux fleurs jaune-vert et à l'odeur peu plaisante ! Plante magique par excellence, elle était réputée chasser les mauvais esprits et protéger des morsures de serpents venimeux. On pensait qu'elle pouvait faner si une femme ayant ses règles l'approchait. De fait, elle fut utilisée comme abortif. Beaucoup de femmes sont ainsi mortes, la plante provoquant de graves atteintes du foie et des reins. La phytothérapie lui a reconnu des vertus emménagogues (c'est-à-dire qui facilite et provoque les menstruations), stimulant des fibres utérines, expliquant son effet abortif précoce, antispasmodiques, vermifuges, etc. Elle n'est plus guère utilisée en raison de sa toxicité.

L'hellébore noir, Helleborus niger *(toxique)*

Il est très en vogue en ce moment sous le nom de « rose de Noël » en raison de ses ravissantes fleurs qui s'épanouissent vers la fin décembre. Au Moyen Âge, on l'utilisait pour soigner la dépression, la folie, l'épilepsie et les règles douloureuses. La phytothérapie l'a longtemps inclus dans ses remèdes pour traiter, par exemple, certaines aménorrhées, ou comme purgatif. De culture délicate, le jardinier amateur pourra lui préférer l'hellébore vert, à fleurs blanc-vert ou rosées, plus rustique.

L'aristoloche clématite, Aristolochia clematitis *(toxique)*

Sa toxicité a fait couler beaucoup d'encre après que des atteintes très graves des reins aient été mentionnées chez des sujets consommant des gélules à base de plantes inoffensives contaminées par de l'aristoloche. Cette toxicité est due à l'acide aristolochique que renferme la plante. Il convient donc d'être prudent.

On l'appelle également « *serpentaire* » puisque, selon la légende, elle faisait fuir les serpents. D'ailleurs, la légende affirmait que même le diable l'évitait. Réputée très protectrice, ses fumées étaient censées guérir les enfants malades. Plus prosaïquement, elle était utilisée afin de faciliter l'accouchement, son nom signifiant « belle naissance » en grec. Elle a longtemps trouvé des indications en phytothérapie : asthme, rhumatismes, goutte, douleurs musculaires, fortifiant, cicatrisant, etc., mais a été abandonnée en raison de sa toxicité.

L'avantage de l'aristoloche pour un jardinier amateur, même peu doué, tient au fait que la plante, quoique assez rare, n'est vraiment pas exigeante, qu'elle pousse vite et que ses larges feuilles sont très décoratives, tout comme ses fleurs, le plus souvent d'un jaune acidulé. Son inconvénient, c'est que les limaces adorent les feuilles en question et qu'elles sont vite dévorées comme une laitue !

Chardon-Marie, Silybium marianum

Il fallait terminer par une plante bénéfique[1] et non toxique. Outre son intérêt ornemental avec ses belles fleurs mauve-

1. Pas totalement ! Les extraits de chardon-Marie, tout comme ceux de millepertuis, dont les actions favorables sont démontrées scientifiquement, peuvent interagir avec certains médicaments et en diminuer l'effet de façon parfois très significative.

pourpre, en dépit de ses piquants, le chardon-Marie fut une des plantes les plus appréciées du Moyen Âge, expliquant son nom qui fait référence à la Vierge protectrice. On en mangeait d'ailleurs les feuilles et les fleurs en légume, après avoir retiré les épines, bien sûr.

On sait depuis la Grèce antique que le chardon-Marie est un protecteur du foie. On l'utilisait au Moyen Âge afin de traiter les « mélancolies[2] » qu'on liait à des excès de bile. La phytothérapie l'emploie comme stimulant gastrique, laxatif, diurétique, et bien sûr contre les insuffisances hépatiques, l'ictère, la cirrhose, etc. Le principe actif en est la silymarine. Son rôle hépato-protecteur a été démontré scientifiquement.

2. Dépressions.

Par-delà la mort

† Les prémisses

Clotilde Ledru, ses grosses chaussures alourdies par la terre gorgée d'eau, chantonnait, son sac de toile posé sur l'épaule. Quel bel après-midi d'automne ! Un plaisant soleil filtrait entre les feuilles rousses. Elles tomberaient bientôt et l'hiver s'installerait. Il avait fait assez doux ces derniers jours pour un mois de novembre, et une abondante pluie s'était abattue l'avant-veille, conditions idéales pour faire ample moisson de cèpes. Clotilde salivait à la perspective de la généreuse omelette qu'en ferait sa mère ce soir. Elle débiterait le reste en minces tranches qu'elle enfilerait en collier afin de les faire sécher au-dessus de l'âtre pour agrémenter leurs plats. Elle en échangerait quelques poignées contre un peu de lard ou quelques bouteilles de vin.

Champignons et Moyen Âge

Nos ancêtres se méfiaient des champignons et ne consommaient que quelques rares espèces, dont les cèpes. On trouve très peu de recettes culinaires les intégrant à cette époque. Cette défiance persistera très longtemps, l'engouement pour les champignons ne datant que du XIX*e* *siècle, lorsque parurent les premiers ouvrages permettant de les identifier de façon fiable. Mais les champignons sauvages nous réservent encore des surprises : en 2005 un décret paru au* Journal officiel *interdit de vente et d'importation le tricholome équestre, tenu pour comestible, des décès étant survenus lors d'importantes consommations.*

Allez, encore quelques-uns et elle rentrerait, d'autant que de gros nuages menaçants commençaient à s'accumuler à l'ouest.

Elle leva le nez afin de repérer chênes et bouleaux au pied desquels les cèpes poussaient volontiers. Se baissant pour se faufiler sous les branches, elle progressa.

Un hennissement sur sa droite la fit bondir. Qui ? Une fille, surtout jeune et jolie, devait se méfier en forêt. Certes, Clotilde n'était pas du genre à tomber en pâmoison face à l'adversité, mais plutôt à se défendre âprement. Toutefois, cheval signifiait seigneur… ou brigand. Leur seigneur, François de Liruval, d'âge mûr, était homme de belle réputation et la cueillette des champignons sur ses terres était permise à ses gens. En revanche, les choses pouvaient prendre vilaine tournure face à un malandrin. Elle se tassa derrière un large tronc. Le cheval apparut au travers des branches, équipé d'une selle de dame. Une jument pommelée. Clotilde la reconnut aussitôt et s'avança vers elle, soulagée. Il s'agissait de la monture de Béatrice de Liruval, jeune sœur de leur seigneur. Mme Béatrice était si jolie femme que tous se demandaient pourquoi elle n'avait pas encore pris époux à vingt ans passés de quelques mois. Certes, des cancans de serviteurs du château la décrivaient d'humeur parfois difficile, capricieuse, sans doute trop gâtée par son frère qui, au décès de leurs parents, l'avait un peu élevée telle sa fille en raison de leur différence d'âge. Toutefois, Béatrice était de prestigieuse noblesse et avait hérité de terres qui auraient dû tenter de beaux partis, en plus de sa silhouette élancée et de son ravissant minois.

Clotilde avança la main vers la bouche de la jument, qui recula en soufflant, visiblement effrayée. Elle l'apaisa de mots doux, se demandant où était passée Mme Béatrice. Elle parvint à calmer l'animal et à attacher ses rênes à une branche basse. Elle fit quelques pas. Qu'était cette forme allongée, à quelques dizaines de pas ? De là où se trouvait Clotilde Ledru, elle ne distinguait qu'une tache d'un vert soutenu. Dieu du ciel ! La jument avait-elle désarçonné Mme Béatrice ? Celle-ci était-elle blessée… ou pire ? Clotilde se précipita afin de lui porter secours.

Elle pila devant le corps et plaqua sa main sur sa bouche pour retenir le hurlement qui montait dans sa gorge. Béatrice de Liruval gisait, le devant de sa cotte[1] d'épaisse soie verte ensanglanté, tailladé, un poignard de chasse, à la large lame recouverte d'une gangue rouge brun, abandonné à deux ou trois mètres d'elle. Le bas du corps avait été dénudé à l'exception de ses bottes de chasse, sa robe remontée sur son ventre. Un viol meurtrier, à n'en point douter.

Les sous-vêtements au Moyen Âge

On trouve des « soutiens-gorge » rudimentaires, faits de bandes de tissus, depuis l'Antiquité. Les Romaines les utilisaient aussi pour s'aplatir la poitrine et permettre un tombé plus « lisse » de leurs robes. En revanche, l'usage de la culotte pour les femmes ne s'imposa que très tardivement, au XIXe *siècle, même si ponctuellement on créa, par exemple, des culottes longues à dentelle pour accompagner la mode des crinolines, ou que des femmes travaillant dans des conditions de froid rigoureux aient porté des caleçons sous leur robe. La culotte, même courte, était jugée « malsaine ».*

Épouvantée, Clotilde Ledru se signa et rabattit la robe verte sur les jambes de l'infortunée, afin de lui rendre un peu de sa dignité. Elle regarda alentour et détailla le poignard recouvert de sang sec. Une belle arme de chasse, au manche en argent ciselé, à n'en point douter. Elle se baissa

1. Robe ou tunique longue.

et remarqua les initiales gravées autour de la garde : EV. Se pouvait-il ? Le poignard appartenait-il véritablement à Évrard de Villemont, fils d'un nobliau voisin qui avait fait fortune en découvrant sur les terres de ses ancêtres une mine de fer d'une prodigieuse richesse et que l'on pouvait exploiter à ciel ouvert ? Une bénédiction pour cette famille de très honorable réputation, mais de petite noblesse, qui vivotait depuis des générations grâce au piètre revenu de leur élevage et de leurs quelques récoltes. Au fond, presque des paysans comme eux, même si eux étaient nobles. Clotilde éprouvait beaucoup d'affection pour Adèle de Villemont, la cadette d'Évrard, une mignonne jeune femme aux belles joues saines qui avait son franc-parler et pouvait parfois jurer à faire rougir un charretier.

Plus elle réfléchissait, moins Clotilde savait quoi faire. Prévenir le village ? Prévenir le château de Liruval ou foncer jusqu'à la grosse ferme des Villemont ? Enfin, il était impossible qu'Évrard ait violé et assassiné Mme Béatrice ! Bel homme, un peu charmeur depuis qu'il se savait très riche, prompt au rire, gentil, serviable, même s'il savait se faire obéir de ses gens – que lui, au moins, payait – jamais il n'aurait commis un tel acte répugnant ! D'un autre côté, une femme était morte de la façon la plus inacceptable[2]. Pesant le pour et le contre, elle hésitait, le visage baissé, se concentrant.

Un coup de tonnerre la fit sursauter. Les nuages noirs allaient virer à l'orage. Elle ne pouvait laisser Mme Béatrice

2. Rappelons que le viol était un crime très sévèrement puni au Moyen Âge et que la virginité était essentielle pour une jeune femme.

ainsi. Elle ramassa le poignard et fonça rejoindre la jument pommelée. Clotilde savait monter. Mais la peste fût de ces ridicules selles de dames !

Sans hésiter, elle rabattit les pans de son mantel[3] sur ses épaules et s'installa à califourchon, à la manière d'un homme, avant de lancer l'animal au galop.

LES SELLES FÉMININES AU MOYEN ÂGE

Jusqu'au XIIIe *siècle, les juments paisibles réservées aux femmes étaient sellées avec une sambue, sorte de « fauteuil » posé sur l'arrière-main du cheval et qui ne permettait pas aux dames de diriger l'animal, mené par un serviteur. Vinrent ensuite des selles à pommeau surélevé, avec un seul étrier, dangereuses en cas de galop ou d'obstacles. Les selles d'amazones que nous connaissons, avec les cornes retenant la jambe, furent inventées au* XVIe *siècle par Catherine de Médicis, remarquable cavalière. Les femmes ne pouvaient chevaucher comme des hommes parce que l'on craignait qu'elles deviennent stériles.*

Adèle de Villemont considéra le poignard ensanglanté, une moue de dégoût sur le visage, répétant pour la troisième fois :

– Mon frère n'est pas céans. Il négocie à Chartres notre prochaine année de fer. C'est… impossible, totalement impossible ! Jamais il n'aurait commis un tel acte impie et déshonorant en plus d'être immonde !

– Qu'est-ce qu'on fait ? demanda Clotilde, de plus en plus incertaine.

– Nous fonçons à bride abattue au château de Liruval. Leurs gens doivent aller chercher la pauvre dépouille de la damoiselle Béatrice avant la nuit.

---

3. Longue cape.

– Que dois-je leur dire ?

– La vérité, Clotilde. Elle n'effraie que les coupables ! Or, mon frère ne l'est pas, j'en jurerais sur ma vie. J'ignore comment son poignard, car c'est bien le sien, est arrivé là. Mais jamais je ne croirai qu'il a tué une femme pour la forcer !

François de Liruval, livide, se fit répéter à trois reprises l'effroyable découverte.

– Il s'agit donc bien du poignard de chasse de votre frère, damoiselle de Villemont ? vérifia-t-il à nouveau d'une voix où se mêlaient désespoir et fureur contenue.

– En effet, messire. Mais Évrard est absent depuis quatre jours, et jamais, jamais, il n'aurait commis un tel acte !

– Comment expliquez-vous alors que cette jeune Clotilde l'ait retrouvé non loin de... de ma bien-aimée sœur ? insista-t-il.

– Je ne sais, mais mon frère nous l'expliquera à son retour. Je n'en doute aucunement.

François de Liruval inspira avec peine et déclara d'un ton sans appel :

– Damoiselle de Villemont... si je parviens à la certitude que votre frère est à l'origine de cette monstruosité... en dépit de mes quarante ans, n'oubliez jamais que je suis la plus fine lame de la province ! Il périra.

– Et il mériterait ce châtiment, mais je parie ma vie et mon âme qu'il est innocent, se défendit Adèle.

– Qu'il me vienne visiter dès son retour. Surtout, qu'il ne tarde pas ! ordonna François de Liruval menaçant. Je ne trouverrai pas le repos tant que le coupable ne sera pas étendu à mes pieds, dans une mare de sang.

– Il en sera fait à votre exigence, messire, déclara Adèle en s'inclinant pour une courte révérence.

La nouvelle du viol et du trépas de Béatrice de Liruval se répandit à la vitesse de l'éclair. Aussi vite qu'une autre : Anselme, le simple de leur bourgade, manquait à l'appel. On ne l'avait pas revu depuis le matin du meurtre de Mme Béatrice. Or Anselme avait été bousculé par des pères et maris mécontents qu'il ait poursuivi leurs filles ou femmes de ses ardeurs insistantes et très malvenues. Le fait qu'il fut un peu difforme, très laid et particulièrement lent d'esprit lui avait évité les raclées qu'on aurait réservées à d'autres. Les simples de village avaient toujours joui d'un étrange traitement. Objet de plaisanteries douteuses, de quolibets, de farces déplorables, ils étaient également protégés, nourris, soignés, étant censés porter chance au village et surtout avoir hérité de l'injustice du monde en permettant aux autres de passer au travers. Néanmoins, tous se souvenaient de la mignonne Louise, la fille du drapier Éloi Masurier, dont Anselme, dénudé, avait exigé des « spécialités de bordel », sans même savoir ce qu'il faisait au juste. Âgée de onze ans à l'époque, la fillette en avait été terrorisée. Il avait fallu trois hommes pour retenir son père qui, armé d'une fourche, semblait décidé à expédier le simple vers un autre monde. En bref, toutes les femmes, jeunes filles et fillettes se méfiaient du simple.

† L'enquête

À la demande des villageois, Éloi Masurier – qui n'avait toujours pas digéré l'effroi que le simple Anselme avait inspiré à sa fillette –, accompagné du vieux prêtre, le père Maurice, qui inspirait confiance à tous, fouillèrent la bicoque branlante qu'habitait Anselme. Une odeur pestilentielle de crasse, de pourriture alimentaire, de vieille pisse les saisit à la gorge lorsqu'ils entrèrent. Une moue de dégoût sur le visage, Éloi Masurier retourna les quelques objets ébréchés, fendus, les hardes puantes du simple, sans rien trouver. Alors qu'il allait ressortir, le père Maurice suggéra d'une voix douce :

– Euh… sous le matelas. On cache souvent des choses sous un matelas.

Non sans répugnance, Éloi souleva la paillasse raidie et brunâtre de saleté. Une très jolie aumônière vert intense, brodée et semée de paillettes de nacre, brillait doucement dans la pénombre de la masure, sur le sol en terre battue.

– Oh, Tudieu ! souffla le drapier… Le pardon, mon père. Clotilde a précisé qu'la cotte de Béatrice de Liruval était verte quand… enfin, elle l'a retrouvée.

Il ramassa l'aumônière, desserra les cordons qui la fermaient et en fit glisser le contenu dans sa large paume : quelques deniers, un chapelet de billes d'améthyste et un fin mouchoir. Brodées à l'un de ses coins s'entrelaçaient les initiales « BL ».

Le vieux prêtre se signa en murmurant :

– Oh, doux Jésus… Cela ne se peut. Anselme est lent d'esprit mais pas mauvais. Jamais il n'aurait tué une femme… La convoiter… enfin vous voyez ce que je veux dire… mais pas la poignarder avec sauvagerie.

– Il est si bête qu'il sait même pas c'qu'il fait ! Il ne comprend rien. Il ne sait pas que c'est mal. Quand j'lai pas mal secoué après c'qu'il avait fait à ma Louise – ou tenté de faire –, il pleurait comme un bébé. Il ne voyait pas pourquoi j'étais fou de rage, pourquoi elle avait eu si peur. Il a l'esprit d'un enfant de cinq ans, même pas.

– Éloi… Que l'envie de la chair le hante, lui fasse perdre son peu de maîtrise, d'autant que toutes le fuient, je veux bien l'admettre. Qu'il ne comprenne pas que c'est un grave péché, un crime d'imposer son… désir charnel à un autre être, je le concède aussi. Mais poignarder une femme afin de la violer est autre. D'autant, je vous le rappelle, que s'il a… exaspéré ou effrayé des femmes, s'il a exigé des… actes déplacés, imposé des privautés de langage, il n'a jamais frappé ou bousculé physiquement une représentante de la douce gent.

– N'empêche que je mettrais ma main au feu que cette aumônière est bien celle de Mme Béatrice, mon père ! Un coup d'folie, peut-être. Il la rencontre dans la forêt, lui balance quelques obscénités. Mme Béatrice est de haut lignage et a une réputation de femme hautaine. Elle ne comprend pas qu'il est idiot, le toise et l'insulte. Il voit rouge, la désarçonne et… l'reste. Il vole l'aumônière parce que c'est joli, que ça brille et la cache ici. Ensuite, l'extrême gravité de son geste se fraye un chemin dans son cerveau épais et il fuit.

– Peut-être, mais j'en doute, et je vais m'attacher à l'expliquer au seigneur François de Liruval. S'il tombait sur Anselme, il risquerait de le mettre en pièces.

On chercha Anselme le Simple dans les bois avoisinants, dans les granges un peu reculées du village, en vain.

Nul ne sut comment la nouvelle de la disparition du simple et la découverte de l'aumônière vint aux oreilles de M. de Liruval mais, lorsqu'il débarqua sans s'annoncer chez Masurier le drapier, l'envie du meurtre était peinte sur son visage. Tout de même un peu ébranlé par les arguments du vieux père Maurice, Éloi tenta, avec respect, de raisonner le seigneur. Tout à sa rage et à son profond chagrin, celui-ci sortit en avertissant :

– Dès le demain, je pars sillonner la forêt en compagnie d'une petite troupe de mes gens. Une battue à l'homme. S'il me tombe entre les mains…

Après son départ, Éloi, tout de même secoué par l'idée que rien ne prouvait, en effet, qu'Anselme soit le coupable, fonça répéter au prêtre son entrevue avec François de Liruval.

– Oh, mon Dieu, gémit le vieil homme en serrant ses mains d'inquiétude et en déglutissant avec peine.

Son attitude étonna Éloi. Certes, père Maurice avait toujours rabroué ceux qui se moquaient du simple, mais sa soudaine alarme paraissait excessive.

– Qu'est-ce qui se passe ? Allons, mon père, vous semblez… presque effrayé.

– C'est que… Enfin… Anselme a cogné à la porte de la cure, ce tôt matin, à la petite aube. Je ne pouvais… enfin, il pleurait, en état de panique, il était affamé… Je ne pouvais le renvoyer…

– Où qui s'trouve ?

– Toujours à la cure, admit le vieux prêtre.

Anselme était caché dans le cellier de la maisonnette. Tassé sur lui-même, il regarda Éloi s'avancer vers lui avec un air d'affolement sur le visage, comme un petit enfant qu'on va battre. Le drapier éprouva aussitôt une sorte de compassion contre laquelle il lutta. Après tout, cet abruti d'Anselme avait terrorisé sa petite fille avec ses propositions obscènes assorties d'une exhibition inacceptable, peut-être avait-il violé et tué Mme Béatrice ?

– Bon, mon gars, tu m'réponds parce que j'ai plus trop la patience, lança Éloi. Pourquoi tu t'es enfui ?

– Ben, ben… bafouilla le simple, les lèvres luisantes de salive. Oooohhh, la pauv'dame… l'était jolie… Enfin, avant…

– Tu l'as tuée ?

– Oooohhhh nooon ! Pas bien, vilain.

– Réfléchis, de grâce, raconte-moi ce qui s'est passé. C'est vraiment important, insista Éloi en tentant de rester calme.

Anselme serra les lèvres, buté.

– Parle ! Ils vont venir te chercher. Tu veux qu'ils te fassent écarteler ?

– Hein ?

– Tirer les bras et les jambes par des chevaux ? Jusqu'à ce que mort s'ensuive ? s'énerva le drapier.

– Non, non, non ! pleurnicha Anselme.

– Alors parle !

– A suivi Clotilde… l'est gironde avec des beaux nichons, commença-t-il, un air concupiscent sur le visage, aussitôt remplacé par une moue futée. Et pis, connaît les bons coins pour les champignons. A s'trompe jamais. Ben oui, l'est pas morte des champignons, ni sa mère ni sa sœurette.

– Tu voulais savoir où elle ramassait les cèpes ?

– Voui. M'a pas vu. J'suis discret. J'marche pieds nus.

– Et que s'est-il passé ?

– Oooohhh… l'a tombée sur la pauv'dame morte. Celle du château. Et pis, Clotilde a monté sur l'bourrin et l'est partie.

– Et qu'est-ce que t'as fait ? voulut savoir Éloi Masurier.

– Ben…

Anselme avait baissé les yeux, contrit.

– Tu as piqué l'aumônière ?

– Voui… ben, l'allait s'abîmer… Faisait gris. L'allait pleuvoir.

Lorsqu'Éloi quitta Anselme et referma la porte du cellier, il était presque convaincu que le pauvre attardé n'avait rien à voir avec le viol et le meurtre de Mme Béatrice, ainsi qu'il l'admit devant le père Maurice, qui en fut soulagé. Mais qui, en ce cas ? Évrard de Villemont, dont on avait retrouvé le poignard à côté de la victime ? Un autre ?

De retour de Chartres où il avait habilement négocié sa prochaine livraison de fer, Évrard resta bouche bée lorsqu'on lui apprit le viol et le meurtre de Béatrice de Liruval. Lorsque sa jeune sœur Adèle mentionna la présence de son arme sur les lieux, il comprit que des soupçons pesaient sur lui. Blême, il protesta de façon virulente :

– Enfin, tu sais très bien que je ne l'utilisais plus depuis fort longtemps ! Certes une jolie lame, mais le manche en argent ciselé est trop lourd et la déséquilibre.

Il fouilla ses appartements, puis les écuries et la salle d'armes de la grande ferme. De fait, le poignard avait disparu.

Dès le lendemain à l'aube, après une nuit agitée, il galopa jusqu'au château de Liruval afin de s'expliquer avec le seigneur François. La rage et la violence de celui-ci n'impressionnèrent guère le jeune homme. Il était de taille à se défendre. Il répéta qu'il était innocent puis, à bout de patience, lâcha d'une voix sourde :

– Si vous souhaitez un duel judiciaire[4], je suis votre homme, monsieur. Je m'en voudrais gravement de vous transpercer de mon épée, mais s'il en vient à cela…

La certitude qu'il sentit chez Évrard de Villemont, une sorte d'instinct aussi, ébranla François de Liruval qui attaqua quand même :

– Pourquoi ai-je la détestable impression que vous me dissimulez la vérité ?

– Parce qu'il est des choses qu'on ne peut révéler sans déshonneur, monsieur. Je vous le répète, j'ignore qui a commis cet acte impardonnable, mais ce n'est pas moi. À vous revoir, à votre convenance.

---

4. Hérité du « jugement de Dieu », condamné en 1215, le duel judiciaire restera en vigueur encore longtemps. Il servait à départager deux positions, Dieu devant donner raison à l'innocent en lui permettant de vaincre son adversaire.

François de Liruval est presque certain que ni Villemont ni le simple Anselme ne sont responsables du calvaire enduré par sa sœur. Mais qui, alors ?

Solution page 216

MAHAUT D'ARTOIS : UNE BIEN INJUSTE RÉPUTATION !

La série de romans *Les Rois maudits*, de Maurice Druon, puis l'adaptation de ceux-ci à la télévision, ont largement contribué à faire connaître Mahaut (ou Mathilde) du grand public.

Petite nièce de Saint Louis, Mahaut d'Artois (1270-1329) a sans doute pâti du fait qu'elle fut une des femmes les plus puissantes de son époque, notamment après son mariage avec Othon IV, comte de Bourgogne, dont elle fut veuve à 33 ans. Elle fut donc souvent présentée comme une autocrate – « défaut » que l'on n'aurait sans doute jamais opposé à un homme ayant les mêmes titres et responsabilités –, redoutable manipulatrice, empoisonneuse, s'adonnant à la sorcellerie, etc. Une façon simple d'expliquer son pouvoir, qui ne tenait qu'à ses qualités et à une circonstance particulière : la coutume d'Artois qui, à cette époque, n'excluait pas les filles des successions. Elle refusa donc de se laisser spolier de ses terres par son neveu Robert III d'Artois puisqu'elle héritait, en droite ligne, de son père. La cour des pairs de France lui donna raison à l'issue de trois procès intentés par Robert, qui n'hésita pas à fomenter une insurrection féodale contre elle. Il fut banni du royaume, tous ses biens étant saisis, pour avoir fourni des faux lors du dernier procès. Exilé en Flandres et en Avignon, il trouva finalement refuge en Angleterre où il fut fait comte de Richmond.

Mahaut était une politique douée, possédant une indiscutable force de caractère, et une remarquable gestionnaire, protectrice des pauvres et des arts. Elle finança la construction de nombreux monastères. Elle mourut d'assez étrange façon, évoquant un empoisonnement, si l'on en croit certains témoignages. Des douleurs et des vomissements la prirent après un dîner à Poissy, le 23 ou le 27 novembre 1329. Son neveu Robert fut soupçonné.

Robert œuvra auprès d'Édouard III d'Angleterre, fils d'Isabelle de France, la fille de Philippe le Bel, en le poussant à revendiquer la couronne de France. Ce fut le début de la guerre de Cent Ans. Il décéda durant la guerre de succession de Bretagne, en 1342.

Les filles de Mahaut, Jeanne et Blanche, devinrent toutes deux reines en épousant les fils de Philippe le Bel qui montèrent sur le trône après le décès de leur père.

Une femme triste

† Les prémisses

Émeline Bourgeot reposa son psautier. Elle n'avait guère la tête à la lecture, aussi pieuse et édifiante fût-elle. Elle se leva du fauteuil au dossier sculpté sur lequel elle était installée et s'approcha d'une des hautes fenêtres vitrées qui donnaient sur le vaste jardin s'étendant à l'arrière de la maison. Elle frôla un des losanges de verre épais et irrégulier serti dans un chemin de plomb et sourit. Une lubie de son cher François. Le verre était encore si onéreux en cette époque, et réservé aux plus riches. Mais il avait insisté pour en garnir toutes les fenêtres de la salle commune au prétexte que son ange aimait à y lire, devait profiter de la pleine lumière et n'être gênée ni par les insectes ni par le froid une fois l'hiver revenu.

Son ange. Elle était son ange, sa colombe, sa mie, son amour, sa précieuse. Dieu comme il lui manquait. Son veuvage de deux ans lui semblait remonter à une semaine, tant le chagrin s'était peu atténué, tant elle pensait à lui chaque jour, croyant parfois entendre sa voix ou son rire, au point qu'elle sursautait, le cœur battant. Trois ans d'un parfait et bien trop court mariage, elle ne gardait que cela de lui. L'enfant qu'elle portait sans le savoir au moment de la mort de François n'avait pas résisté à son effroyable douleur, à ses sanglots, à ses nuits d'insomnie. Il avait péri avant même de voir le jour. Elle s'en voulait affreusement de cette fausse couche. Si elle avait été plus vigoureuse, si elle avait mieux résisté à la dévastation, peut-être bercerait-elle aujourd'hui leur enfant, le sang de François.

Elle refoula les larmes qui lui montaient aux yeux et se contraignit à contempler le pommier en fleur, déformé par l'irrégularité des morceaux de verre de la fenêtre au point qu'il évoquait une énorme masse de neige suspendue dans les airs.

Lorsque Émeline se sentait forte – ce qui était rare –, elle s'admonestait. Elle avait été passionnément amoureuse de son magnifique mari, d'une passion réciproque. Elle avait eu la chance inouïe de connaître l'amour parfait, de vivre au paradis durant trois ans. Combien de femmes pouvaient en dire autant ? Néanmoins, lorsqu'on a goûté au paradis, on voudrait qu'il dure toujours. Lui revenaient leurs fous rires, leurs nuits de fièvre qui les menaient au petit matin, exténués, la façon qu'il avait de la regarder en plissant les yeux, leurs sourires complices échangés à la messe, en promenade, ou en présence de convives peu distrayants dont ils se demandaient quand ils partiraient enfin. En dépit de son sens des affaires, qu'il exerçait en tant que propriétaire terrien et mercier[1], François était drôle, amoureux de la vie, bon, passionné d'art, un peu original aussi. Il était beau, fin, joyeux, parfait, si parfait qu'elle se demandait parfois ce qu'elle avait bien pu faire d'extraordinaire pour mériter une telle félicité. Certes, elle était elle-même fort jolie, avec sa peau pâle et translucide, ses grands yeux bleu sombre, ses cheveux couleur de blé mûr, et sa petite bouche en cœur. Son père avait tenu à ce qu'elle sache lire,

1. Très riche corporation de marchands, rapidement considérée comme faisant partie de la bourgeoisie.

écrire et connaisse les grands auteurs latins, en plus de chanter agréablement et de savoir tenir une maison.

Émeline pouffa soudain en se souvenant de l'une des adorables folies de son époux : Crème, le vieux chat, ainsi dénommé parce que la cuisinière, ulcérée, l'avait trouvé les deux pattes avant dans une jatte de crème épaisse, lapant avec enthousiasme. Crème, le matou tigré roux et blanc qui s'était imposé à eux après qu'Émeline l'eu pris en pitié et nourri. Crème était un infatigable chasseur de souris et de mulots et gagnait bien sa pitance et ses caresses. Un matin, elle l'avait retrouvé dans le jardin, sous le pommier, mort, la tête inclinée selon un angle impossible. Un vaurien lui avait brisé le col. Émeline avait eu beaucoup de chagrin. Elle avait ramené l'animal à la maison, afin qu'un serviteur l'enterre. François l'avait prise dans ses bras, la consolant à la manière d'une fillette. Une semaine plus tard, un paquet enrubanné était posé sur sa table de toilette. Elle avait fondu en larmes en l'ouvrant et en découvrant trois adorables mouchoirs, brodés en leur centre d'une tête de chat tigré roux et blanc. François les avait fait réaliser par une brodeuse de la ville voisine. Elle s'était précipitée vers lui, l'embrassant avec fougue. Il avait déclaré d'un ton doux :

– Pour qu'ils assèchent ton chagrin et afin que tu te souviennes de ton ami le gentil félin.

Les mouchoirs avaient séché le chagrin occasionné par la mort de Crème, mais pas celui que lui avait causé le trépas de son époux. D'autant qu'elle n'osait pas s'en servir de peur de les abîmer, même si elle en portait toujours un sur elle. Ces mouchoirs étaient le dernier cadeau de François. Son époux avait trépassé trois semaines après le chat. Une stupide chute de cheval. L'animal s'était à l'évidence emballé, pour une raison inconnue, et avait désarçonné François, pourtant excellent cavalier. Sa tête avait heurté un gros caillou, qui lui avait défoncé le crâne. Sans doute était-il mort sur le coup, du moins voulait-elle le croire. Elle se souvenait à peine des trois hommes qui avaient allongé sa dépouille sur la longue table de la salle commune. Elle était restée interloquée, figée, refusant de comprendre que ce beau masque cireux, ces cheveux collés de sang appartenaient à François. Certes, cet homme mort ressemblait fort à son mari adoré, mais François ne pouvait pas décéder. Ce n'était que lorsque la vieille Annelette – qui avait servi la famille de François toute sa vie – s'était plantée devant elle en sanglotant que le cerveau d'Émeline avait enfin admis que cet homme mort était son époux. Elle était tombée à genoux en hurlant. Sans doute Annelette, ou un autre serviteur, avait-elle requis l'aide de l'apothicaire, exigeant de lui une potion apaisante, puisqu'elle se souvenait à peine des jours et des nuits qui avaient suivi. Elle avait assisté, hébétée, dans un état second, aux funérailles, des larmes dévalant de ses yeux sans qu'elle s'en rende compte, des gens, des tas de gens lui offrant condoléances, paroles de réconfort, propositions d'aide sans qu'elle parvienne à proférer le moindre mot. Son unique décision était d'avoir ordonné que l'on vende le cheval à un bon maître, parce qu'elle ne supportait plus sa vue.

Les semaines avaient passé. Tous avaient été si bons, si patients avec elle. Même Arnaud Mangin, ancien prétendant éconduit après sa rencontre avec François, revenu de ses voyages en mer peu de temps après le décès de son mari, avait demandé permission de venir la visiter quand elle s'en sentirait le courage. Arnaud avait réagi avec dignité lorsqu'elle lui avait annoncé qu'elle ne le verrait plus, ayant décidé d'épouser François. Après tout, elle ne lui avait jamais fait de promesses. Ayant hérité de son père une importante flotte marchande, il avait pris la mer.

Émeline était surtout reconnaissante à leur mesnie[2] qui l'avait entourée sans faillir dans ces horribles moments. Elle errait la majeure partie du temps, sans trop savoir où elle était ni ce qu'il convenait de faire. Elle mangeait parce qu'Annelette la grondait. Émeline ne s'était aperçu qu'elle était grosse qu'un mois avant de perdre l'enfant. Au fond, elle l'admettait : juste après cette fausse couche qui s'était soldée par une fièvre intense et d'affreuses douleurs, elle avait espéré mourir, rejoindre François avec leur bébé. Dieu en avait décidé autrement. Elle avait survécu.

Émeline était revenue au monde, sans toutefois se sentir véritablement vivante. Elle s'était formée une conviction : elle vivrait ce que Dieu exigeait d'elle en attendant le moment où elle pourrait enfin rejoindre son époux et leur enfant. Cette certitude l'avait apaisée. Son existence ici n'était qu'une attente, plus ou moins longue, mais par laquelle il fallait passer. Une sorte d'urgence l'avait néanmoins saisie : elle ne pouvait pas laisser filer à vau-l'eau tout ce que François avait construit, année après année, et qu'il lui avait légué par acte rédigé devant notaire. Émeline s'était donc immergée dans les comptes de la mercerie, les revenus

2. Tous les habitants d'une demeure, du maître aux serviteurs.

des terres et des fermages, en chute libre depuis le décès de son mari.

L'entrevue avec Gastien Lormay, l'intendant du domaine, avait été houleuse. Il était arrivé la mine triste et servile, réitérant ses condoléances, lui parlant comme si elle était une sotte donzelle[3], répétant jusqu'à plus soif :

– Que de tracas pour une si jolie, si affligée jeune femme. Reposez-vous, laissez-moi vous servir au mieux, ainsi que je l'ai toujours fait pour votre époux.

Le bonhomme la spoliait depuis presque un an, et François avait maintes fois répété qu'il ne fallait jamais lui laisser la bride sur le cou. En dépit de ses compétences, il avait tendance à confondre sa poche avec l'escarcelle de son maître.

– Lormay, ne me prenez pas pour une bécasse, vous commettriez une grave erreur. J'ai parcouru votre livre de comptes. Expliquez-moi pourquoi mes revenus ont baissé d'un tiers alors que la moisson fut excellente ?

Il avait serré les mâchoires de colère, parvenant pourtant à répondre d'un ton obséquieux :

– Les aléas, madame.

– Vraiment ? Eh bien, ajoutez-en un autre à votre liste : les contrats signés par feu mon mari n'engageaient que lui. On m'a parlé d'un jeune intendant de domaine qui fait merveille. Peut-être est-il temps que vous vous « reposiez » vous aussi.

Elle s'était levée, avait récupéré le grand livre de comptes noir posé sur un guéridon en bois de rose et le lui avait tendu en déclarant d'un ton sec, quoique ironique :

3. Femme ou jeune fille de qualité.

– Vous connaissez la faible tête des femmes pour les chiffres. Je suis certaine que la baisse inexplicable des revenus provient d'une erreur de retenue. Vous voudrez donc bien revoir vos calculs et me rapporter le livre de comptes corrigé ainsi que la somme manquante. Mon mari m'a enseigné la différence entre un prélèvement d'intendant, prélèvement tolérable et inévitable, et une escroquerie. Ne croyez pas que François fut jamais dupe de votre façon… d'arrondir vos émoluments. À vous revoir, Lormay. Au plus vite.

Après le départ de l'homme qui dissimulait mal sa colère, un détail était revenu à Émeline. François était rentré un soir, assez énervé. Il venait de se prendre le bec avec Gastien Lormay, le menaçant de faire expertiser ses comptes par le notaire. Quelques jours plus tard, son mari fulminait encore plus : Lormay avait admis avoir « omis » une rentrée d'argent de belle importance.

Bah, elle n'avait plus eu à se plaindre de l'intendant depuis leur vive explication. Le revenu des terres avait miraculeusement augmenté et se maintenait. Sans doute la plumait-il, mais de façon raisonnable, du moins le croyait-elle…

† L'enquête

Cet après-midi-là, devant l'insistance d'Annelette qui lui trouvait mine bien pâlotte, Émeline accepta de l'accompagner en ce jour de grand marché et de se promener un peu afin de profiter de la belle journée. Émeline avait toujours beaucoup apprécié la femme vieillissante qui les servait avec dévotion et dont la tendresse s'était reportée sur sa jeune maîtresse après le décès de François. Émeline ne doutait pas que la servante lui avait dissimulé le terrible chagrin que lui avait occasionné la mort de François, afin de ne pas ajouter à sa peine.

Elles flânèrent donc, Émeline laissant à Annelette la tâche de négocier leurs achats avec les marchands, de les houspiller ou de les envoyer paître lorsqu'ils tentaient de lui vendre vessie. La jeune femme souriait devant l'énergie déployée par la vieille servante afin d'obtenir le meilleur au prix le plus avantageux.

Quelques expressions du Moyen Âge

Vendre vessie : faire prendre des vessies pour des lanternes, c'est-à-dire vendre des fables, puisque les vessies étaient vides une fois l'animal sacrifié.

Avoir la puce à l'oreille : l'expression signifiait, à l'origine, être séduit amoureusement par une personne. Elle n'a pris son actuelle connotation de vigilance que plus tard.

Être fier comme un pou : cette expression assez incompréhensible vient d'une mauvaise orthographe. L'expression, très ancienne, était « être fier comme un poul », poul étant le masculin de poule, donc un coq.

Une voix courtoise d'homme la fit se retourner. Son chapeau entre les mains, il la salua bas, à quoi elle répondit par un mouvement de tête. Elle ne pensait pas le connaître et attendit.

– Mathieu Grosbleu, secrétaire du seigneur Charles de Mardey. Maîtresse Bourgeot… enfin, je ne sais si cela vous intéresse… nous avons tous été peinés par le trépas de votre époux qui avait une belle réputation…

– Merci, monsieur, murmura la jeune femme.

Elle était à la fois touchée par les marques de sympathie que le temps n'avait pas amoindries et un peu agacée que des gens qui ne connaissaient François que de loin en parlent comme s'ils avaient été amis proches. Elle s'en voulut aussitôt de cette mesquine pensée.

– Euh… Le cheval de feu votre époux se porte bien. Je sais… enfin je connais les circonstances de sa vente… Le seigneur de Mardey l'a racheté. Au début, il s'en méfiait et a tenu à le monter. Et puis, l'animal est apparu si doux et docile, si calme qu'il l'a offert à sa fille cadette, âgée de neuf ans.

Ne voyant absolument pas pourquoi cet homme timide avait voulu l'informer de ce fait, elle déclara, un peu incertaine :

– Je suis satisfaite de son sort. Après tout, ce n'est qu'un animal. Il eut été stupide et cruel de se venger de lui.

Il la fixa et prit congé en lançant :

– En effet. En effet, madame. Le bonjour à vous.

Il disparut bien vite, noyé dans la foule qui se pressait devant les étals.

Elles rentrèrent chargées. Annelette avait insisté pour que sa maîtresse s'offre une résille perlée pour cheveux et des lotions de visage ou de bouche, ainsi que des décoctions pour parfumer le bain et adoucir la peau. Bien que n'ayant nulle envie de babioles, Émeline avait cédé, certaine de faire plaisir à une Annelette toujours inquiète à son sujet. Marinette, une jeune servante, se porta à leur rencontre :

– Messire Arnaud Mangin vous attend dans la salle commune. Il a apporté un magnifique bouquet de roses de son jardin.

Arnaud se leva dès qu'elle parut et s'inclina en déclarant :

– J'espère ne pas vous importuner, madame. Mais ces roses étaient trop belles et l'envie m'a pris de vous les offrir. Je ne m'attarderai pas, la rassura-t-il.

– C'est si gentil à vous, remercia Émeline en s'approchant du bouquet posé sur la longue table et qui embaumait. De grâce, acceptez un gobelet de cidre. Cette promenade au marché m'a assoiffée.

– Avec grand plaisir.

Ils devisèrent aimablement de choses et d'autres, Arnaud revenant sur ses voyages, ses étonnantes découvertes. Il la fit même rire en lui narrant sa cohabitation avec des marins bourrus qui n'avaient peur de rien, sauf de l'eau puisque fort peu d'entre eux savaient nager. Elle s'efforça, par correction, de ne jamais mentionner François, ayant donc peu de choses à raconter puisqu'il lui semblait maintenant que toute sa vie se résumait à ses trois années de mariage et à son veuvage. Aussi se contenta-t-elle de parler de ses nouvelles acquisitions pour les trois boutiques de mercerie qu'elle dirigeait aujourd'hui, évoquant les changements de la mode, les nouvelles manches agrafées que l'on fixait aux épaules et qui permettaient de varier la robe sans en changer, le renouveau des ourlets brodés de fleurs, bref des riens futiles destinés à alléger l'humeur.

Arnaud marqua une courte pause et s'enquit après une hésitation :

– Qu'est devenu l'ancien premier commis de votre époux, qui l'avait en bonne estime ?

– Bernard Lafleur ? Il s'est retiré dans le sud du royaume, je crois. Il n'était pourtant guère âgé. Je vous avoue que son inattendu départ, peu après… le trépas de François, ne m'a pas aidée. Le connaissiez-vous ?

– Pas personnellement. Je savais juste qu'il s'occupait à merveille des merceries.

– Et pourquoi cet intérêt de votre part, si je puis ? demanda Émeline, intriguée.

– Un de mes navires, rentré au port il y a environ six mois, en provenance d'Angleterre et de Flandres, transportait une importante cargaison de frivolités de dame, sans oublier des aiguilles, du fil, bref des articles de mercier dont plusieurs caisses vous étaient destinées.

– Je m'en souviens, en effet, commenta la jeune femme, un peu perdue. Une bien belle livraison, en temps et en heure, ce qui est rarement le cas.

– Le gros de la cargaison était réservé à un certain Bernard Lafleur, mercier à Paris, propriétaire de deux nouvelles boutiques, d'après ce que m'a confié son commis venu réceptionner la marchandise. Peut-être un homonyme… ou alors votre ancien employé aura fait un bel héritage.

Émeline comprit enfin le sous-entendu et murmura :

– Vous pensez que lui aussi… nous volait ?

– Il s'agit, ma chère, d'une vilaine habitude bien répandue.

Je passe la moitié de mon temps à vérifier les comptes, les recettes et les dépenses. Vous n'imaginez pas comme les employés indélicats savent se montrer ingénieux quand il s'agit de vous soutirer de l'argent.

– D'autant que les femmes font des proies alléchantes pour ce genre de vauriens, observa la jeune femme d'un ton peiné.

– Oh, certains hommes sont aussi de la volaille à plumer.

– François, voulez-vous dire ?

Arnaud Mangin reposa son gobelet vide sur le guéridon d'un geste un peu trop sec et prit une longue inspiration :

– Madame… Je redoute de me montrer discourtois ou insensible mais… votre époux était juste, homme d'honneur et de générosité. Peut-être avait-il tendance à juger les autres à l'aune de ses qualités ?

– En d'autres termes, on pouvait le berner aisément ? traduisit Émeline que la mauvaise humeur gagnait.

Arnaud Mangin le sentit et se leva pour prendre congé :

– Je vous ai offusquée. Mille pardons. Je n'aurais jamais dû aborder ce… sujet.

Émeline s'en voulut de sa sèche réaction et temporisa :

– Non, de grâce, acceptez mes excuses. Je… supporte difficilement la moindre remarque fâcheuse ou simplement réservée sur feu mon époux. Asseyez-vous, je vous en conjure.

Il obtempéra. Émeline, en signe d'apaisement, remplit à nouveau leurs gobelets en demandant, par stricte politesse :

– Comptez-vous reprendre la mer, monsieur ?

– Non pas. L'expérience était… importante mais je dois me consacrer à des… affaires qui me tiennent davantage à cœur.

Elle se contenta de sourire, ne sachant que répondre.

– Madame… Comme vous le savez, je n'ai jamais pris femme. Aucune ne m'a ravi le cœur. La faute ne leur en revient pas. C'est que mon cœur appartient à une autre qui n'en a pas voulu. Je ne lui en tiens aucune rigueur, pas plus qu'à mon rival, chanceux à cette époque. Stupide cœur qui s'obstine !

Comprenant immédiatement où il allait en venir, la jeune femme baissa les yeux et avala une longue gorgée de cidre afin de se donner une contenance.

– Je… continua Arnaud Mangin avant qu'un geste léger d'Émeline l'interrompe.

– Pardonnez-moi. Un homme de bien n'est jamais ridicule lorsqu'une dame le décourage de poursuivre. Je détesterais vous causer la moindre humiliation, bien involontaire. Il se trouve que mon cœur à moi est aussi obstiné que le vôtre et refuse d'oublier son aimé.

– Votre cœur persistera-t-il toujours dans cette disposition ? voulut savoir Mangin.

– Je ne sais, monsieur. Il faut être bien insensé pour prétendre connaître le futur. Ne me voyais-je pas mourir âgée entre les bras de mon époux ?

Les larmes montèrent aux yeux d'Émeline. Elle tira un mouchoir à tête de chat, son gentil Crème, de la manche de sa robe.

Arnaud Mangin hocha la tête tristement :

– Dieu du ciel ! Je me déteste de vous procurer du chagrin quand mon seul souhait est de vous savoir heureuse. Voulez-vous que je vous offre un chat, un petit compagnon amusant afin de remplacer votre pauvre matou ? Faut-il être un moins que rien pour briser ainsi le col d'un pauvre animal.

– En effet. Certaines personnes sont mauvaises. Il m'attendrissait et m'amusait. Peut-être avait-il effrayé un poulailler, que sais-je ?

– Hum… Madame, me permettez-vous de prendre parfois de vos nouvelles ? Avec retenue et respect, il va sans dire. Certes, je vous l'avoue : je ne désespère pas qu'un jour, peut-être, vous condescendiez à me revoir sous les traits d'un mari. Je n'ignore pas que François Bourgeot restera toujours l'homme de votre vie. Mais je puis accepter le rôle du fidèle ami amoureux et protecteur, sans exiger, ni même espérer votre passion d'amante. Ainsi, si vous souhaitiez que j'enquête en discrétion au sujet du… providentiel héritage de votre ancien premier commis, je me rends aussitôt à Paris.

Émeline ne put s'empêcher de ressentir une sorte d'émotion, de vague honte aussi. Certes, elle n'avait jamais véritablement aimé Arnaud et ne lui avait pas fait accroire le contraire. Pourtant, un jour, dans sa vie d'avant François, elle l'avait jugé assez à son goût pour considérer sérieusement sa proposition d'épousailles. Il aurait fait un parfait époux, elle en était convaincue, mais dès qu'elle avait vu François, elle en avait été tourneboulée.

– Merci, de fait vous êtes un valeureux ami. Toutefois, laissons le passé reposer. Si le vil Bernard Lafleur a profité de la bonté de feu mon époux puis de la mienne, sans oublier ma candeur d'alors et mon état de désespoir afin de nous berner, grand bien lui fasse. Il s'en expliquera avec Dieu.

Elle sut qu'elle venait de commettre une erreur au moment où elle prononça cette phrase, sans pour autant parvenir à la définir.

Quelques expressions du Moyen Âge

Qui dort dîne : l'expression signifie aujourd'hui qu'un bon sommeil remplace un repas. À l'origine, l'expression faisait référence au fait que les aubergistes obligeaient leurs clients à consommer un dîner s'ils souhaitaient une chambre pour la nuit.

Découvrir le pot aux roses : l'expression date au moins du XIIIe siècle. L'origine souvent proposée – selon laquelle les amants glissaient sous un pot de fleurs des messages galants aux femmes mariées, les maris trompés le découvrant –, n'est sans doute pas la bonne, les « pots de fleurs » n'étant mentionnés que depuis le XVIIe siècle.

Lorsqu'elle raccompagna peu après Arnaud Mangin à la porte, avec permission de s'annoncer parfois chez elle pour bavarder un peu, un cavalier qu'elle ne connaissait pas passait dans la rue sur un cheval bai. La même robe que celle de la monture de François. L'animal tourna la tête dans sa direction et souffla bruyamment en secouant la crinière.

Et elle comprit. Et elle entrevit l'invraisemblable, la monstrueuse vérité.

QUELLE EST-ELLE ?

SOLUTION PAGE 219

La longue et luxueuse histoire du sucre

Le miel fut durant très longtemps le seul « sucre » à disposition de l'Homme, si l'on exclut quelques désastreuses tentatives d'utilisation du plomb – un poison – notamment pour sucrer les vins précieux sous la Rome antique. Toutefois, cette pratique persista jusqu'au XIXe siècle. Certains vins pouvaient contenir jusqu'à 800 mg de plomb au litre alors que la dose hebdomadaire tolérée par un adulte est environ 500 fois inférieure. Certains historiens pensent d'ailleurs que ce « sucrage » est responsable pour partie du déclin de l'Empire romain.

La récolte du miel n'était pas simple au Moyen Âge. Il n'existait pas encore de ruches telles que nous les connaissons, et on se contentait le plus souvent de creuser une souche d'arbre au fer rouge afin d'y installer un essaim dans ce que l'on nommait « hostellerie pour mouches à miel ». Si l'on trouve, dès Pline, des mentions du *sarkara*, terme sanscrit qui prouve l'origine indienne de la canne à sucre, il fallut attendre le Ier siècle pour qu'un auteur romain explique comment les Perses, notamment, produisaient le *saccharum* (qui donnera « saccharose », le nom scientifique du sucre de table).

Mais le sucre, terriblement onéreux, devait mettre du temps à parvenir en France. À la fin du XIIIe siècle, alors qu'il s'appellait le « sel indien » – puisqu'il était associé aux épices –, il se négociait 2 sols d'or et 5 deniers d'argent la livre, une fortune ! Au XVIe siècle, un « doigt » de sucre – un petit cône de la taille d'un auriculaire – valait l'équivalent d'un fastueux repas pour trois personnes. Le sucre demeura donc très longtemps réservé aux plus riches, ce qui contribua sans doute à sa réputation « médicinale ». On réalisait au Moyen Âge des « saccharures », c'est-à-dire des sirops solides en mélangeant au sucre des principes actifs de plantes.

UNE INACCEPTABLE VÉRITÉ

† Les prémisses

Sylvette huma la miche montée[1] qui sortait du four à pain creusé au fond de la cheminée. L'odeur engageante la fit sourire. Sylvette adorait préparer à manger et offrir à ses proches une généreuse part de ses réussites culinaires. À la vérité, elle se contentait de plaisirs simples et sa vie la satisfaisait pleinement. Elle aimait Bernard, son époux, un charretier qui permettait à leur famille de vivre confortablement sans pour autant dépenser sans compter. Elle adorait leurs deux enfants. Elle regarda autour d'elle, détaillant à nouveau la belle cuisine, la longue table flanquée de bancs sur laquelle reposaient une jatte de farine, une autre de crème et une bonne douzaine d'œufs, sans oublier un haut pot de terre plein de miel et les deux coffres à vaisselle poussés contre les murs. Leur maison était agréable et assez spacieuse, leurs voisins les tenaient en estime, bref elle se délectait de sa bonne petite vie. Sylvette faisait partie de ces êtres bienveillants qui ne détestent ni n'envient personne et se satisfont de ce qu'ils ont, conscients que d'autres sont bien plus malheureux qu'eux.

Elle coupa un bon tiers de la miche levée et l'enveloppa dans un linge, imaginant le plaisir qu'elle ferait à Hermione, sa jeune sœur, qui vivait à l'autre bout de leur paisible bourgade,

1. Ce serait aujourd'hui l'équivalent de notre brioche.

dans une belle maison de pierre taillée. Hermione avait épousé Pierre Longuin, leur riche apothicaire, un veuf encore jeune, peu de temps après les épousailles de Sylvette.

Les deux sœurs s'aimaient beaucoup, et Sylvette était certaine que cette affection indéfectible et cette confiance qui les unissaient depuis toujours avaient joué un rôle dans le choix de leurs époux respectifs. Un des atouts des deux hommes aux yeux des deux demoiselles avait été de vivre dans la même petite ville. Ainsi, leurs mariages respectifs ne les sépareraient pas. Sylvette caressa son ventre rebondi de la main. Un troisième petit naîtrait dans quelques mois. Elle était si reconnaissante d'être en mesure de tous les bien nourrir, grâce à Bernard, son mari si travailleur.

Aussitôt, un regret tempéra sa bonne humeur. Hermione ne parvenait pas à enfanter. Quelle tristesse, quelle douleur elle avait perçues chez sa sœur lors de sa dernière fausse couche, six mois auparavant, à quelques semaines de grossesse. D'autant qu'une infection s'en était mêlé et qu'Hermione avait bien failli trépasser. Dieu, comme Sylvette avait eu peur ! Et puis, l'attitude d'Hermione l'avait terrorisée. Sa sœur semblait accepter l'idée de sa fin proche, ne luttant plus, laissant le mal la terrasser. Il avait fallu toute la dévotion de Pierre et l'acharnement de Sylvette pour la contraindre à continuer de vivre. La jeune femme était certaine que l'incapacité d'Hermione à enfanter était la cause de cette attitude. Et pourtant, jamais Pierre ne lui en avait fait le reproche, même voilé, de son aveu même. Il aurait pu, pourtant, demander l'annulation de leur mariage à cette raison. Au contraire, il l'avait entourée de tant d'amour, s'inquiétant si fort, faisant donner des messes à son rétablissement alors que la fièvre occasionnée par l'infection la faisait grelotter.

Sylvette chassa ces sombres pensées. Hermione était encore jeune, apte à l'enfantement. Quel bonheur ce serait ! Sylvette imaginait avec délice le petit neveu ou la petite nièce qu'elle chérirait comme s'il s'agissait de l'un de ses enfants. Elle le ou la voyait jouer, crier, se bagarrer, comploter, faire des bêtises avec les autres. Allez, elle filait rejoindre Hermione. Elles dégusteraient une bonne tranche de miche levée et un verre de cidre et bavarderaient un peu. Un plaisir qui ne la lassait jamais, d'autant qu'elle parvenait le plus souvent à faire rire sa sœur avec des petits riens et des cancans sans méchanceté. La maladie avait assombri l'humeur d'Hermione, jadis aussi joyeuse que celle de Sylvette.

None[2] venait de passer lorsqu'elle frappa à la porte de la belle demeure de l'apothicaire. Martine, une vieille servante, l'accueillit avec un sourire :

– Madame est dans sa chambre, à broder.

Sylvette lui tendit le gros morceau de miche levée en précisant :

– Goûtez-en un bout, Martine. Vous m'en direz des nouvelles.

– Oh, ça, l'est toujours parfaite vot'miche ! J'vous en monte deux belles tranches avec un gobelet de cidre.

2. Entre 14 et 15 heures, la journée étant réglée en fonction des saisons.

Sylvette traversa la grande salle de réception, chaque fois admirative de son ameublement cossu et de bon ton. Pierre Longuin était un homme fortuné qui aimait faire plaisir à son épouse et ne reculait pas à la dépense, comme en témoignaient les épais tapis de laine rouge sombre qui couvraient le sol et les chandeliers, dont on allumait toutes les bougies[3] au soir, sans oublier les trois dressoirs[4] appuyés contre l'un des murs. Elle aimait bien son beau-frère, un homme lourd, peu bavard mais toujours prêt au rire, généreux, intègre et pieux. Elle ne le verrait pas cet après-midi. Il s'activait dans son officine jusqu'au soir.

Les meubles du Moyen Âge

Il existait relativement peu de meubles à cette époque, hormis les lits, tables et bancs. L'un des plus utilisés était le coffre, plus ou moins richement sculpté en fonction des moyens. On y rangeait tout : vaisselle, linge, vêtements et parfois les aliments. Une fois refermé, il servait de banc. Une des raisons de cette « pénurie » tient sans doute au fait qu'on possédait peu de choses à cette époque.

Elle grimpa l'escalier qui montait aux chambres et poussa la porte de celle de sa sœur en criant joyeusement son prénom. Nulle réponse. Un peu surprise, la jeune femme entra : Hermione ne se trouvait pas dans sa chambre. En revanche, Sylvette remarqua une mince bande de papier posée sur le guéridon gracile de l'antichambre. Le papier étant fort cher, on l'utilisait avec grande économie, même dans les maisons bourgeoises, coupant le bas vierge des feuilles afin de le réuti-

3. Chères, elles étaient réservées aux plus riches.

4. Sorte de vaisselier à étagères qui meublait les chambres, les pièces à vivre et parfois les cuisines des gens fortunés.

liser. Sylvette lisait et écrivait un peu. Beaucoup moins bien que sa sœur puisque Pierre avait insisté pour qu'elle s'améliore, étant femme d'apothicaire. Ce qu'elle déchiffra avec peine la figea :

Je ne puis croire que ce sort affreux, qui m'ôte le goût du dormir et du manger, soit une punition de Dieu, elle serait trop injuste. Toutefois, c'est une telle épreuve que l'envie de persister s'amenuise en moi. Votre pardon

Ah non ! Non, elle se trompait, Hermione ne mentionnait pas un[5]... Jamais… Cela ne se pouvait… Affolée, Sylvette se rua hors de la chambre, dévala les marches et fonça dans la cuisine. Martine la détailla, stupéfaite.

– Ma sœur… Hermione… l'avez-vous vue sortir ?

– Non pas ! Mais qu'ec qu'y s'passe ?

– Aurait-elle pu… partir en promenade sans que vous la voyiez ?

– Ben non… Savait que vous veniez… Et j'astiquais les cuivres de la grande salle. J'l'aurais remarquée.

Luttant contre la panique, Sylvette parvint à déclarer d'un ton à peu près ferme :

– Martine… je dois visiter la maison.

– Hein ?

– Ma sœur ne se trouve point dans sa chambre… Je crains un… malaise.

– Oh, quelle horreur ! Pauv'chère maîtresse. Ah ben, mais j'vous aide à chercher.

– Nul besoin… Je… Je vais me débrouiller seule. Merci.

5. Rappelons que, à l'époque, le suicide était totalement réprouvé au point que les suicidés étaient excommuniés de fait et qu'on ne pouvait les enterrer en terre consacrée.

La servante la regarda comme si elle avait perdu l'esprit, mais approuva d'un hochement de tête.

Sylvette fouilla tout le rez-de-chaussée, sans oublier l'office et la lingerie, puis le premier étage, puis les chambres des domestiques au deuxième, en vain. Son cœur cognait dans sa poitrine au point de lui faire mal, et sa gorge était desséchée. Elle ne cessait de s'admonester : enfin, quelle sotte elle faisait ! Pourquoi imaginer le pire ? Pourtant, une partie d'elle-même savait que le pire était advenu. Aussi aucun hurlement ne jaillit-il de sa bouche lorsqu'elle découvrit Hermione, pendue à une poutre basse des combles, ses pieds à deux pouces[6] du sol en lattes de bois cru. Un tabouret au paillage abîmé gisait sur le côté, non loin du cadavre. Le visage de la morte était d'une pâleur cireuse, ses yeux clos, sa bouche à peine entrouverte, et elle commençait à refroidir. Un effroyable chagrin suffoqua la jeune femme qui se laissa tomber à genoux, gémissant, priant pour le repos de sa sœur tant aimée. Elle ne s'en remettrait jamais. Il lui sembla qu'une partie de sa vie avait disparu avec Hermione. Repassèrent dans son esprit tous ces précieux moments vécus ensemble, leurs rires, leurs petits secrets partagés, leurs rêves. Elle pleura longtemps, désespérée. Soudain, un coup de pied minuscule dans son ventre. Elle plaqua ses deux mains dessus et murmura :

– Hermione, je suis là. Maman est là.

Une fille. Ce serait une fille, elle en était certaine maintenant, et elle se prénommerait Hermione en hommage, en souvenir de cette tante qu'elle ne connaîtra pas. Mais comment sa sœur, qu'elle avait visitée l'avant-veille, avait-elle pu en arriver à cette

6. Un pouce équivaut à 2,5 cm environ.

effroyable extrémité ? Son affliction de ne point parvenir à enfanter ? Autre chose ? L'avant-veille, Hermione avait semblé un peu ailleurs, un peu distraite mais pas défaite au point de commettre l'irréparable. Sylvette se détesta : avait-elle manqué de sensibilité ? Comment n'avait-elle pas senti le terrible désespoir de sa sœur ? Enfin, quoi ! Elles avaient ri, se moquant gentiment de la femme du fournier[7] qui s'obstinait, après sept maternités, à porter ses robes de jeune fille dont elle débordait et qui la comprimaient tant qu'elle était en permanence essoufflée. S'était-il passé quelque chose de grave depuis le moment où elle l'avait quittée ?

Assez avec ces questions ! Il fallait parer au plus pressé. Sa sœur ne pouvait être enterrée avec les criminels condamnés à la peine capitale, hors la terre consacrée. Sylvette détailla la corde, le nœud serré sous la poutre, de grosses larmes dévalant de ses yeux. Elle descendit en cuisine, traversant la vaste salle à pas de loup. Martine devait s'activer dehors, la voie était libre. Elle récupéra un couteau et remonta quatre à quatre vers les combles. Elle s'acharna et finit par trancher la corde. Elle retint comme elle le put le corps de sa sœur et l'allongea sur le sol. Elle distendit le nœud coulant, dans la ferme intention de faire disparaître la corde. Jamais elle ne parviendrait à descendre Hermione jusque dans sa chambre. Agenouillée au sol, elle serra le cadavre contre elle, réprimant ses sanglots. Une odeur désagréable lui parvint. Elle huma l'étoffe sombre du devant de la cotte[8] de sa sœur. Une odeur de vomissures. Inclinant la tête, elle distingua une large tache encore humide et plus foncée qui couvrait le milieu de sa poitrine. Mon Dieu ! Ainsi, elle n'était pas morte rapidement puisqu'elle avait vomi. Quelle épouvante ! Elle refusa d'imaginer l'agonie d'Her-

7. Les fourniers cuisaient les pains pour les boulangers.

8. Robe ou longue tunique.

mione, refusa de penser que, peut-être, elle avait regretté son terrible geste, s'était débattue.

Elle redescendit donc et cria depuis le palier du premier étage, au cas où des serviteurs pourraient l'entendre :

– Entendu ! Je vais le chercher et le ramène au plus vite.

Martine la rejoignit au moment où elle s'apprêtait à sortir de la maison :

– Not'maîtresse ? Vous l'avez r'trouvée ?

– Sotte que je suis ! Elle se rafraîchissait dans sa penderie[9], un désagrément de femmes, vous voyez ce que je veux dire.

– Ça, la vieillerie n'a guère d'avantage, sauf celui-ci. On est bien débarrassées ! compatit la servante.

– Des peines de ventre assez violentes et une migraine l'ont prise. Je vais chercher Pierre, son époux, afin qu'il lui prépare un remède. Elle repose, de grâce, ne la dérangez pas.

– Quand j'vous dis qu'on est ben débarrassées ! Not'bonne maîtresse… J'espère qu'elle s'remettra ben vite.

Pierre blêmit et tituba sous le choc, lorsqu'elle lui narra d'une voix hachée sa macabre découverte en lui tendant la courte missive que sa sœur avait laissée sur le guéridon. Il lut et relut, répétant en bafouillant :

– Mais… cela ne se peut… Il s'agit d'une erreur… Elle… certes, elle était devenue si triste, si lointaine depuis sa dernière fausse couche mais… cela ne se peut…

9. Il s'agissait le plus souvent d'une petite pièce dans laquelle on rangeait les vêtements et installait une « salle d'eau » qui consistait en une table, une cuvette et un broc destinés aux ablutions, ainsi qu'un vase de nuit.

– Nous devons faire disparaître toutes traces de suicide… je ne tolérerai pas que ma sœur soit excommuniée… Une âme si pure, si bonne…

Ils maquillèrent donc le suicide en mort naturelle. Pendant que Pierre descendait Hermione dans la chambre, la dévêtait et la couchait, Sylvette occupa Martine en cuisine, exigeant une infusion pour sa sœur ainsi qu'un lait de poule[10] pour la revigorer. Ainsi qu'ils en étaient convenus lorsqu'elle avait précédé Pierre dans les combles, celui-ci déboula dans la cuisine, le visage ravagé, en murmurant :

– Elle est trépassée… son souffle était très faible… puis elle s'est redressée dans son lit et s'est soudain écroulée… Les suites de cette affreuse infection qui avait failli la terrasser ?

Deux grosses larmes roulèrent sur les joues de l'époux livide. Sylvette fut soulagée de ne plus devoir feindre et dissimuler son immense chagrin, et elle éclata en sanglots.

De nombreux voisins assistèrent aux funérailles. Hermione et Pierre jouissaient d'une excellente réputation, tout comme Sylvette et Bernard.

† L'enquête

Les semaines passèrent. Sylvette rendait parfois visite à son beau-frère en son officine, tentant de lui remonter le moral alors qu'elle-même ne se remettait pas du trépas de sa sœur. Il lui semblait qu'une ombre malsaine recouvrait maintenant

10. Toujours utilisé en cas de gros rhume ou de fatigue, il s'agit d'un lait chaud sucré de miel dans lequel on bat un jaune d'œuf très frais et qu'on additionne éventuellement d'une rasade d'alcool fort.

sa vie. Même ses enfants ne la déridaient plus autant. Bernard ne savait que faire pour alléger l'humeur de sa femme, bien qu'elle s'efforçât de sourire en sa présence. Il la contraignait à manger, tant elle picorait. Ce matin-là, alors qu'elle repoussait une part de tarte au fromage et au lard, il s'énerva :

– Enfin, Sylvette ! Je comprends ton affreux chagrin et le partage. Mais tu peux pas te laisser dépérir ainsi. Tu portes un petit et puis, y'a les autres et moi.

– Je sais… pardon, répondit-elle en baissant le visage. J'ai un peu la nausée… Je mangerai plus tard, je te le promets.

De fait, la vue et l'odeur de la nourriture lui soulevaient le cœur, sans que sa condition de femme enceinte de presque sept mois ne l'explique.

– Non, non ! Tu manges avant que je parte. J'insiste ! ordonna-t-il d'un ton sans appel.

Sentant qu'il n'en démordrait pas, Sylvette s'exécuta. Elle peinait à avaler chaque bouchée qui faisait monter un flot de salive dans sa bouche. Elle réprima quelques renvois d'écœurement, mais termina la part, à la satisfaction de son époux.

Bernard se leva, sembla hésiter puis déclara d'un ton lent et grave :

– Tu sais que j'aime pas clabauder mais… Oh, ça m'ennuie…

– Quoi donc ? s'enquit Sylvette en luttant contre une nausée de plus en plus forte.

– Ben… quand j'ai livré les roues de charrette à Gontran, y'a trois jours… il voulait m'payer un bon cruchon de vin à l'auberge de sa bourgade.

– Oui ?

– Enfin… Finalement, on s'est pas attablés parce que, en entrant dans l'établissement, j'ai vu… Pierre. Il était de dos et il a pas remarqué ma présence.

– Et ?

– Ben, il était pas tout seul. J'veux dire qu'il était en galante compagnie avec une mignonne donzelle[11]. Ils rigolaient bien et il lui caressait la main.

– Pardon ? Tu as peut-être mal interprété ou mal vu, argumenta Sylvette. Enfin, Hermione est décédée il y a un mois. Lorsque je lui rends visite, il a l'air très affligé.

– Hum… C'était bien lui et j'ai reconnu sa voix. De plus, j'peux te dire qu'il n'avait vraiment pas l'air triste, le veuf. Quant à la donzelle, c'était pas sa nièce, ça, c'est certain ! J'ai hésité à te le conter… Tu sais que je suis pas prude, mais quand même. Y'a des usages et le deuil ! Bon, faut que j'y aille.

Assise sur un des bancs de la grande table de cuisine, Sylvette ressassa les propos de son mari. Elle parvenait à peine à y accorder foi, mais savait pourtant que Bernard ne mentait pas et qu'il ne s'était pas trompé. Un renvoi ramena la tarte au fromage dans sa gorge et elle se leva pour se précipiter vers l'évier de pierre creusée. Elle n'y parvint pas à temps et vomit debout, maculant le devant de sa robe

11. Femme ou jeune fille de qualité.

et abandonnant une mare visqueuse et répugnante sur les dalles ocre.

Et soudain, elle comprit.

COMMENT SYLVETTE SAIT-ELLE QUE SA SŒUR A ÉTÉ ASSASSINÉE, ET SE DOUTE-ELLE DE L'IDENTITÉ DU MEURTRIER ?

SOLUTION PAGE 223

Quelques remèdes du Moyen Âge[1]

Contrairement à la chirurgie – méprisée et abandonnée aux barbiers mais qui pourtant progressait –, la médecine médiévale, balbutiante, était un ramassis de superstitions. On pratiquait de façon très abusive la saignée, pour guérir ou maintenir en bonne santé, et afin de rétablir les quatre humeurs : sang, bile noire, bile jaune, flegme. Le nombre de patients que cette technique a fait périr doit être considérable.

Autre technique très prisée, héritée des Byzantins : l'uroscopie, c'est-à-dire l'observation des urines. On en vérifiait le volume, la couleur, l'odeur et même le goût.

Quant aux remèdes, ils dérivaient bien sûr pour la plupart des plantes. Il s'agissait là de connaissances souvent millénaires et empiriques. La récolte de ces simples obéissait à des règles particulières en fonction des plantes : le matin, le soir, à la pleine lune, après la pluie, etc. S'y ajoutaient les pierres et des dérivés animaux comme la vipère sous toutes ses formes ou encore les bézoards, concrétions calcaires trouvées dans l'estomac, l'intestin et les voies urinaires des mammifères.

Quelques « recettes » dont on trouve la trace dans des manuscrits :

1. La plupart sont totalement inefficaces, d'autres dangereux.

Pour faire venir le cheveu promptement[2] :

Prenez orties qui viennent au soleil levant, tirez-en le jus, dans lequel tremperez tous les matins les dents du peigne. Vous en peignez à rebours. Ils (les cheveux) viendront incontinent bien.

Pour ôter les marques de la peste :

Pilez l'herbe de chardon béni et appliquez sur les cicatrices. Elle en ôte les marques.

Pour les génitoires (testicules) enflés :

Prenez le sel de l'herbe de chardon béni et le mêlez avec vin doux et mettez un linge trempé sur les parties malades.

Pour la douleur de tête, épilepsie, vertigie et migraine :

Prenez du suc de pimprenelle, en faites dégoûter dans l'oreille, la douleur s'apaisera.

Quant aux rides, qui préoccupaient déjà beaucoup à cette époque – puisque, faute d'une alimentation suffisante et équilibrée, on vieillissait très vite –, de multiples recettes sont recommandées pour les atténuer ou les faire disparaître. Une des plus célèbres requiert pas mal d'efforts. On faisait chauffer une pelle à feu dans l'âtre et, lorsqu'elle était vraiment chaude, on y jetait de la poudre de myrrhe. On approchait au plus près le visage, en tentant de ne pas se brûler afin de recevoir les fumées et ceci à trois reprises. On faisait à nouveau chauffer la pelle, on emplissait sa bouche de vin blanc que l'on crachait sur la pelle, en recevant à nouveau

2. Recettes extraites de : *Recueil de secrets concernant les arts des maladies*, anonyme, collection de l'auteur, début du XVIe siècle.

les fumées sur le visage. Ceci également à trois reprises. Il convenait de réitérer ce traitement matin et soir, durant plusieurs semaines.

Vertu découragée

† Les prémisses

Éloi Bonfils, tonnelier, était un homme heureux. Sa femme, l'aimable Géraldine, venait de lui offrir un fils magnifique. Une épouse selon son goût puisqu'elle approuvait toutes les décisions de son mari, sans jamais le contredire. Sa fabrique de barriques tournait à son contentement. Il venait de racheter une chênaie qui lui permettrait de se passer du roublard Jacquot Millet, le mérandier[1] qui lui fournissait les douelles depuis des années.

Le métier de tonnelier ou barillier

Le tonneau, invention gauloise, est connu depuis environ 2 500 ans. On y stockait bien sûr les liquides mais également les grains, les salaisons, etc. Le bois préféré pour les douelles était le chêne, mais on utilisait aussi le châtaignier, le robinier, etc. La corporation des tonneliers existe depuis le IXe siècle et ses statuts furent approuvés au XIIIe siècle. Charles VII leur accorda le privilège de « déchargeurs de vin ». Ils furent, de ce fait, les seuls à avoir le droit de récupérer le vin transporté par bateaux. D'innombrables contenances existaient alors (et perdurent) : tonneau, queue, muid, feuillette, setier, pipe, etc., de volumes variables en fonction des régions.

Le Jacquot avait bien profité de lui parce qu'il possédait le meilleur bois de leur région. Éloi avait été très satisfait de voir sa mine déconfite et furieuse lorsqu'il lui avait annoncé qu'il s'en passerait dorénavant. Jacquot, sentant le vent tour-

1. Celui qui fournissait les planches de chêne (ou d'autres essences), appelées merrains ou douelles, utilisées pour les fûts.

ner puisqu'Éloi était son plus gros client, avait tenté de négocier, diminuant d'un bon quart le prix de ses planches, mais Éloi ne l'avait pas raté :

– Ah ça, mon gars, fallait y songer avant ! Tu m'as bien plumé tant que tu as pu. Sans rancune, hein ? avait ironisé Éloi, certain que l'autre lui en voulait terriblement.

Un homme heureux en effet, d'autant qu'il ne se fatiguait pas trop au travail ce qui lui permettait de passer une bonne partie de son temps dans les auberges de leur bourgade, d'aller pêcher, de faire de longues siestes. Son cadet, Robert, veillait à tout. Brave Robert. Quelle magnifique injustice ! Éloi avait hérité de la tonnellerie parce qu'il était né deux ans avant lui, mais ses parents avaient accordé à Robert une petite maisonnette située non loin de la grande demeure familiale qu'habitaient Éloi et son épouse. La maison, de taille assez modeste mais pimpante, avait été construite par leurs arrière-grands-parents, puis occupée par leurs grands-parents avant la construction du bâtiment principal. Autre merveille, Robert était le plus doué et le plus travailleur des deux frères et ne rechignait pas à la tâche, Éloi ayant eu la judicieuse idée de l'intéresser aux bénéfices. Du coup, les affaires de la petite tonnellerie léguée par leur père avaient prospéré en quelques années et on venait maintenant du royaume d'Espagne ou d'Italie pour acheter leurs fûts. S'ajoutait à cela la satisfaction de constater que Robert, un très brave garçon, n'en finissait pas de remercier Éloi, de lui témoigner sa reconnaissance. Après tout, son frère aîné aurait parfaitement pu l'écarter de la tonnellerie qui lui appartenait. Certes, il aurait fallu alors qu'il travaille plus de deux heures par jour. Puisque tous deux étaient satisfaits de leur arrangement, tout allait pour le mieux.

Un homme heureux enfin, puisqu'il avait pris ce vaurien de Sébastien sur le fait et l'avait reconduit sèchement à la porte en le maintenant fermement par le col de sa tunique. Fainéant ! Parasite profiteur ! En plus, Éloi avait refusé de lui payer sa semaine. C'était toujours quelques deniers d'économisés. Sébastien avait une quinzaine d'années et Robert, bon mais faible, l'avait pris en pitié parce qu'il s'occupait de sa mère veuve et de ses deux jeunes sœurs. Il l'avait donc embauché pour lui apprendre le métier. Mais l'ouvrage ne suivait pas. Cet après-midi-là, alors que lui-même se réveillait de sa sieste, Éloi avait découvert le garçon endormi derrière de hautes planches adossées au mur. Tudieu, comme il l'avait secoué ! Sébastien avait été renvoyé sur-le-champ, en dépit de ses suppliques et des tentatives d'apaisement de Robert.

– Je ne paie pas un bon à rien ! avait crié Éloi.

– Il a travaillé aux champs de Martin toute la soirée pour gagner quelques sous, l'avait excusé Robert.

– Et alors ? C'est donc moi qui devrais payer le labeur effectué chez Martin ? Dehors, j'ai dit ! Qu'ai-je à faire d'un apprenti somnolant ?

Non, mais ! Certes, lui dormait, lui pêchait, lui rigolait dans les auberges, mais lui était le patron !

Ce soir-là, Robert Bonfils, vingt-deux ans, rentra dans sa maisonnette, fatigué par une journée d'évidage, lequel consistait à creuser la face interne des douelles, et de dolage, durant lequel on arrondissait au contraire la face externe de chaque planche. Cette étape, particulièrement importante, exigeait concentration, habileté et expérience. Robert aimait son métier de tonnelier et l'indifférence bon enfant de son aîné Éloi pour leur art l'étonnait toujours. Éloi aurait tout aussi pu être charretier ou forgeron. Non, trop fatiguant, songea sans aigreur Robert. Il repensa à la scène de cet après-midi, à la panique qu'il avait sentie chez Sébastien lorsqu'Éloi l'avait tiré sans ménagement vers la porte. Il tenterait de passer voir le garçon demain ou après-demain. Sébastien s'était un peu confié à lui. Il enchaînait les emplois chez les uns et les autres pour subvenir aux besoins de sa famille. Il était épuisé au matin et Robert le laissait récupérer une ou deux heures. Manque de chance, il avait fallu qu'Éloi découvre le jeune homme endormi.

Robert se restaura dans la grande cuisine de plain-pied, qui faisait office de salle commune, d'une belle tranche de lard, d'un morceau de fromage et de pain, sans oublier quelques beignets aux fruits secs offerts par sa belle-sœur Géraldine. Une gentille fille Géraldine, un peu plus jeune que lui, assez jolie, réservée au point de sembler timide. Un jour, lui aussi se marierait et il espérait trouver une femme aussi plaisante et facile à vivre qu'elle. Il lui manquait encore de l'argent pour être considéré comme un beau parti, c'est-à-dire un parti pouvant avoir des exigences, puisque seul le fils d'Éloi hériterait de la tonnellerie. Toutefois, son aîné le traitait bien et lui avait accordé un quart des bénéfices. Certes, Robert s'occupait presque tout seul de l'affaire, mais un autre aurait pu profiter de lui en ne lui octroyant qu'un petit salaire.

Il termina son gobelet de vin et décida de poursuivre la tâche à laquelle il s'était attelé depuis bientôt deux mois : creuser d'un bon pied la cave voûtée qui s'étendait sous la maison et dans laquelle on ne pouvait tenir debout, tant elle était basse de plafond. L'utilité réelle de ce travail de grande ampleur était assez modeste, mais du moins cela occupait-il ses soirées.

Il descendit donc l'escalier de pierre et admira son avancée de la semaine. Il avait cogné telle une brute contre le sol de terre battue mêlée de paille, si tassé depuis quatre générations de Bonfils qu'il évoquait de la pierre. Encore un bon mois de travail et il atteindrait son but.

Robert releva les manches de sa longue chemise de corps et s'agenouilla. Il aimait assez ces moments durant lesquels toute sa force se concentrait, où son esprit pouvait vagabonder. Il ne demandait à ses muscles que de cogner, cogner et encore cogner contre la terre dure. Bien sûr, il aurait préféré être l'aîné, récupérer la tonnellerie, fonder une famille le premier. Le sort en avait décidé autrement, inutile de s'appesantir.

Il leva sa pioche et l'abattit à toute violence sur le sol. Un claquement métallique retentit et un choc de retour désagréable se répercuta dans son bras et jusque dans sa nuque. Il asséna quelques coups moins brutaux. À chaque fois s'éleva un tintement de métal contre le métal. Intrigué, il poursuivit encore quelques instants. Un renflement noirâtre parut. Une demi-heure plus tard, Robert avait dégagé ce qui ressemblait au flanc ventru d'un petit chaudron. Il s'échina encore, songeant que la nuit était sans doute pleine et qu'il devrait arrêter pour prendre quelques heures de repos. Mais la curiosité eut raison de sa sagesse et il s'obstina. Enfin, il parvient à extraire le pot de fer, culotté par des années de cuisson dans l'âtre. Un énorme tampon d'étoupe y était fourré. Robert le tira et découvrit au fond ce qui ressemblait à un large mouchoir noué. La surprise le cloua lorsqu'il en défit le nœud. Des écus d'or ! Des écus de Saint Louis !

Les monnaies du Moyen Âge

Dès le XIIIe siècle apparaissent deux monnaies : une monnaie réelle d'échange, constituée de pièces d'or, d'argent ou de cuivre, et une monnaie de compte. Les seigneurs et même les abbés usurpant le droit de monnayage, on assiste à une multiplication d'espèces, de valeur inconstante et qui ne facilite guère les échanges. L'autorité royale s'imposant davantage dès après le XIIIe siècle, une monnaie devient enfin prédominante : le denier tournois (de Tours), qui éliminera peu à peu le denier parisis (de Paris) utilisé en région parisienne. Il n'en demeure pas moins que les populations se méfieront longtemps de l'argent en pièces, dont les poids en métaux précieux sont variables, qui sont dévaluées ou réévaluées et qui sont multipliées, ajoutant à la complexité du système. Les Français regretteront longtemps l'écu de Saint Louis, souhaitant son retour, sentiment que n'arrangeront pas les 20 pièces de valeurs et/ou dénominations différentes frappées sous Philippe le Bel qui contribueront à la confusion.

Dieu du ciel ! Fébrile, il les compta et les recompta. Il y en avait soixante-dix-sept, soit sept cent soixante-dix deniers tournois environ, une jolie fortune pour un tonnelier ! Comment cet argent était-il arrivé là ? Sans doute ses arrière-grands-parents l'avaient-ils enfoui, redoutant les coupe-jarrets et gredins divers qui hantaient les chemins et se rabattaient souvent sur des maisons isolées pour y voler tout ce qu'ils pouvaient, maltraitant, voire torturant les occupants afin de leur faire avouer la cachette de leurs possessions de valeur.

Serrant le précieux mouchoir grisâtre de poussière de terre sur son cœur, il remonta en s'aidant de la lueur de son esconce[2], pouffant de joie par instants. Ah, quelle trouvaille, quel bonheur ! Une fois dans sa chambre à l'étage, il s'allongea, mais l'excitation de sa découverte l'empêcha de s'endormir. Il fit et refit des projets jusqu'au petit matin, réprimant des accès de rire gamin. Peut-être pourrait-il s'offrir une tonnellerie, du moins une bonne part, remboursant le reste ensuite ? Nul doute que Jacquot Millet, qui n'avait pas digéré de perdre la clientèle d'Éloi, lui vendrait les douelles à prix décent. Et puis, il prendrait femme, de cela, il était certain. D'un autre côté, il avait toujours rêvé de voir autre chose que leur petit coin de terre. Découvrir le royaume d'Espagne, les Flandres et même ces terres nordiques sur lesquelles couraient tant de fables merveilleuses. Bon, il déciderait plus tard, à tête reposée. Il était bien trop énervé pour y voir clair.

Peu à peu, une idée se fraya un chemin dans son esprit. Ne faisait-il pas preuve de malhonnêteté en s'attribuant la totalité de la somme trouvée ? Après tout, puisqu'il s'agissait, à l'évidence, de l'argent de leurs arrière-grands-parents, une fraction devait revenir à Éloi. La perspective de ce partage ne l'enchantait pas vraiment, car son aîné avait récupéré la tonnellerie. Cependant, il eut été déshonorant de dissimuler sa découverte. Il hésita, soupesa chaque possibilité de répartition, et se leva à l'aube rasséréné et satisfait de sa décision.

2. Petite lanterne en bois ou en métal dans laquelle on protégeait la flamme d'une bougie ou d'une lampe à huile.

De plus, il donnerait deux ou trois écus à Sébastien pour qu'il aide sa mère et ses sœurs. Robert fila cacher son magot dans le pot qu'il recouvrit de terre et piétina. Inutile qu'un vagabond mette la main dessus durant son absence.

Il travaillait depuis une bonne heure, s'activant au montage des douelles en pétales de rose, placées côte à côte et assemblées à l'aide d'un cercle de montage, pouffant parfois, imaginant la stupéfaction et la joie de son frère. Lorsque enfin celui-ci parut dans le vaste atelier, les yeux encore bouffis de sommeil et bâillant à s'en décrocher la mâchoire, Robert débita son histoire d'un ton précipité.

– Hein ?

– Je te dis que, en creusant le sol de la cave, j'ai découvert un chaudron dans lequel étaient cachés soixante-dix-sept écus d'or. Sans doute ceux des arrière-grands-parents Bonfils. Tu te rends compte ! Soixante-dix-sept écus d'or de Saint Louis !

– Morbleu ! s'exclama Éloi, un large sourire aux lèvres. Oh, ça mérite une bonne cruche de vin ! Ah, fichtre ! Quelle chance !

– Alors, je me suis dit que j'allais t'en donner un quart. Ça me paraît honnête.

Aussitôt le visage lourd et rougeaud de son frère se ferma. Interprétant mal son changement d'humeur, Robert expliqua, assez fier de lui :

– Ça n'aurait pas été correct de taire ma trouvaille et de ne pas partager avec toi. Après tout, nous sommes du même sang.

Glacial, ses gros poings serrés, Éloi rétorqua :

– Justement, et c'est moi l'aîné, et ta maison est située sur mes terres. Donc, c'est trois quarts pour moi et le reste pour toi. Me fais pas regretter ma générosité ! J'aurais pu même ne pas te donner de travail.

Ahuri, Robert le dévisagea avant de se défendre :

– Tu crois pas que tu pousses, là ? J'ai trouvé ce chaudron en creusant le sol de la cave de ma maison. Je pouvais tout garder. J'ai seulement voulu être honnête !

Les yeux plissés de colère, Éloi siffla :

– Et puis d'abord, qui me prouve que tu ne m'escroques pas ? Qui me prouve qu'y avait pas deux ou trois fois plus de pièces et que tu me gruges pas, hein ? Je veux voir le chaudron, tout de suite ! s'emporta Éloi, l'air de plus en plus mauvais.

– Mais tu perds l'esprit ! s'énerva à son tour Robert, scandalisé par les propos de son frère.

Le gros Éloi se tourna d'un bloc et fonça vers la porte en lançant :

– Je vais aller fouiller !

Soudain fou de rage, Robert lui courut après et le retint par l'arrière de sa tunique en menaçant :

– Je t'interdis de rentrer chez moi ! C'est chez moi, tu entends !

– Va te faire foutre ! rugit Éloi en le repoussant si violemment que Robert s'affala sur le sol.

La fureur le fit se redresser. Il attrapa une large et épaisse planche abandonnée non loin et l'asséna brutalement sur le crâne d'Éloi. Celui-ci parut d'abord figé. Puis il chancela, trébucha, tentant maladroitement de se retenir au mur. Il s'écroula dans un bruit sourd. Atterré, sa fureur évanouie, Robert lâcha la planche qui chut à son tour au sol. Gagné par l'affolement, il s'accroupit à côté de son frère, peinant à retourner sa lourde masse. Du sang dégoulinait le long de la tempe, traçant un sillon rouge vif sur la peau, qui avait pris une couleur de cendres, gouttant dans les cheveux bruns. Robert plaqua son oreille sur le torse de son aîné, cherchant à distinguer les battements de son cœur. En vain. Luttant contre les larmes, il secoua le grand corps, gémissant :

– Éloi, fais pas la buse ! Réponds, Éloi… Je t'en prie… Éloi, c'est pas drôle… Je ne voulais pas te faire de mal… Éloi, je t'en prie, ouvre les yeux ! Éloi, je te donne les trois quarts, mais ouvre les yeux !

Il éclata en sanglots, se détestant, se maudissant : il avait tué son frère. Il avait assassiné son aîné pour quelques pièces d'or.

Il parvint à se relever, les mains couvertes de sang, et tituba jusqu'à la maison. Géraldine préparait la soupe du midi. Elle se leva du banc sur lequel elle était assise, pressentant une catastrophe, la bouche entrouverte, les yeux agrandis d'effroi.

– Je… je viens de tuer Éloi, bafouilla Robert en tendant ses mains ensanglantées.

La jeune femme bascula vers l'avant et se rattrapa de justesse au rebord de la table. Elle cria :

– Ah mon Dieu… mon Dieu…

Un voile noir s'abattit sur le cerveau de Robert qui se sentit partir vers l'arrière, incapable de réagir.

Lorsqu'il revint à lui, Géraldine, assise contre son flanc, lui rafraîchissait le visage à l'aide d'un linge humide. D'une voix heurtée, elle demanda :

– Ça va mieux ? Oh, j'ai eu si peur… Tu étais livide jusqu'aux lèvres. Mon Dieu, c'est un horrible cauchemar…

– Tu as été…

– Non, je… j'attendais que tu reviennes à toi… Je n'ai pas eu le courage… Il faut… il faut… qu'est-ce qu'on fait ?

– Il faut prévenir le bailli… Je peux expliquer… J'ai commis une grande faute, mais… je me défendais… Il m'avait balancé au sol, il était mauvais comme la gale…

Il lui conta la découverte du chaudron et l'emportement d'Éloi qui voulait lui en soutirer la part du lion.

Des larmes dévalaient le joli visage de sa belle-sœur, toutefois, elle semblait avoir repris le contrôle de ses nerfs.

– Je cours jusqu'au village. Pendant ce temps-là, reprends-toi, bois un gobelet de cidre.

Il hocha la tête, incapable de prononcer un autre mot, et entendit le claquement précipité de ses sabots comme elle se dirigeait vers la porte. Il resta là, assis par terre, durant de longues minutes. Lui revinrent les bons et les moins bons souvenirs qu'il avait partagés avec son frère. Au fond, il l'admettait aujourd'hui : il avait toujours fait contre mauvaise fortune, bon cœur. Éloi n'avait jamais été un grand frère protecteur ou tendre, ni même complice, certain depuis le plus jeune âge qu'il hériterait de la tonnellerie et deviendrait le patron de son cadet.

† L'enquête

L'affaire était certes bien trop banale pour un noble du statut de messire Hugues de Lermogis, le bailli. Cependant, cet homme d'honneur, à la vive intelligence et à l'impatience notoire, s'ennuyait depuis quelques jours. On eut cru que tous les vauriens, les coquins et les malandrins s'étaient donné le mot afin d'observer une sorte de trêve occulte, pas une plainte n'avait été déposée devant ses secrétaires. De quoi lui gâcher l'humeur et lui faire paraître les journées interminables.

Aussi, à la grande surprise de la jeune femme bredouillante et en larmes qu'il avait accepté de recevoir, se leva-t-il en annonçant :

– Retournez chez vous. Je vous y rejoins sous peu. Ne touchez à rien. N'approchez pas le cadavre. Quant à votre beau-frère Robert, qu'il se tienne à ma disposition pour me narrer sa version des faits. Il peut s'agir, en effet, d'un accident survenu lors d'une altercation, d'un coup de sang, ou de quelque chose de beaucoup plus grave au regard de la loi et de la morale. Allez, allez. Rentrez.

Lorsqu'Hugues de Lermogis démonta dans la grande cour carrée de la tonnellerie, midi n'était pas loin. Aussitôt, la porte du beau bâtiment d'habitation s'ouvrit et un homme se précipita à sa rencontre, annonçant en s'inclinant :

– Robert. Robert Bonfils, seigneur bailli. Le frère… Je… je vous jure sur mon âme que je n'avais pas l'intention de le tuer… Il voulait fouiller ma maison, m'accusait de profiter de sa bonté… Il m'a poussé, j'ai chu, j'ai vu rouge…

– Nous verrons cela.

Géraldine, la jeune femme qu'il avait vue plus tôt, sortit à son tour, serrant un nouveau-né entre ses bras, semblant hésiter à les rejoindre. Lermogis déclara d'un ton paisible :

– Mieux vaut que cette jeune dame ne nous accompagne pas. Le cas échéant, et après que je l'ai examinée, nous rendrons une allure convenable à la dépouille de son défunt mari avant qu'elle ne le voie. Racontez-moi tout. Dans le détail, j'insiste. Chaque détail, même celui qui semble anodin, peut se révéler important.

Robert lui narra la découverte des écus, sa joie, l'injuste réaction de son frère, puis la tragédie, fouillant sa mémoire afin de ne rien omettre.

– Et ensuite ?

– Ensuite ?

– Oui, vous l'avez donc frappé avec une planche : qu'avez-vous fait ensuite ?

Robert raconta qu'il avait foncé vers la maison, avait annoncé la terrible nouvelle à sa belle-sœur, puis s'était écroulé, sans doute victime d'une sorte d'évanouissement. Il détailla son réveil, le départ de Géraldine pour leur bourgade dans un claquement de sabots alors qu'il était incapable de se relever, de faire un geste.

– Votre évanouissement a duré combien de temps ?

– Je ne sais. Il faudrait demander à ma belle-sœur.

– Et elle était chaussée de ses sabots, donc ?

– Oui da.

– Bien, je vous suis, déclara Hugues de Lermogis pour tout commentaire.

Robert se dirigea vers l'atelier. Parvenu devant la porte fermée, il fronça les sourcils et marqua un temps d'arrêt.

– Un ennui ? s'enquit aussitôt M. de Lermogis.

– Euh… la porte était grande ouverte. Je suis parti en trombe… Après, après avoir vérifié si mon frère respirait encore…

– L'émotion a dû vous embrouiller l'esprit.

– Euh… peut-être.

Ils entrèrent. Éloi gisait, la tête environnée d'une mare rouge qui virait au brun, les cheveux du côté droit de son crâne collés de sang. Robert détourna le regard. Hugues de Lermogis s'accroupit à côté du cadavre et palpa son cuir chevelu. Ses doigts rencontrèrent une bosse de large circonférence.

D'un ton sec et impatient, M. de Lermogis, toujours accroupi, demanda :

– M'auriez-vous menti ? C'est une erreur que l'on ne commet qu'une fois !

– Pardon, avec votre respect ?

– Vous m'avez raconté lui avoir porté un seul coup de planche. Or, il a été frappé à deux reprises. Une fois en haut du crâne, une autre en pleine tempe gauche, c'est-à-dire de face ou lorsqu'il se trouvait déjà à terre.

– Quoi ? s'exclama Robert en se penchant.

De fait, une large plaie vive s'étalait sur la tempe d'Éloi.

– Mais… mais non, je vous le jure…

– Mon jeune ami, je fais partie des hommes qu'on trompe avec grande difficulté et qui ne le pardonnent jamais, menaça le bailli.

– Je vous jure sur mon âme que je n'ai frappé Éloi qu'une fois, en haut du crâne, et qu'il s'est effondré, mort. Je suis coupable, mais il s'agissait d'un accident… Je n'ai jamais eu l'intention de le tuer.

– Non !

– Non, quoi ?

– Non, il ne s'est pas écroulé mort. Il a pas mal saigné, preuve qu'il n'était pas défunt, et c'est le deuxième coup qui l'a achevé. Peut-être aurait-il fini par périr du premier, mais la bosse que j'ai palpée prouve qu'il était encore vif lorsque vous avez rejoint la maison. En d'autres termes, l'auteur du second coup est le vrai meurtrier. Un sourire carnassier aux lèvres, le bailli conclut : Si c'est vous, croyez que vous regretterez d'avoir tenté de me berner. Toutefois, cette histoire m'intrigue !

– Je vous assure que je n'ai porté qu'un coup ! s'obstina Robert.

– Profitant de l'absence de votre belle-sœur venue me prévenir, vous auriez pu retourner dans l'atelier et… achever la besogne, refermant la porte derrière vous en un geste inconscient.

– Je vous jure que…

– Je sais, je sais… l'interrompit le bailli, d'une voix que l'impatience gagnait.

Robert s'exclama soudain :

– La planche !

– Quoi, la planche ?

– Ben, quand je l'ai lâchée, elle est tombée par terre, vers l'arrière et là, elle est parallèle au corps de mon frère. Quelqu'un est revenu, l'a découvert inconscient et l'a achevé avec la même planche. Et c'est pas moi !

– Qui était présent sur les lieux, hormis vous et Mme Géraldine ? s'enquit le bailli.

– Euh… personne.

– Votre aîné avait-il des ennemis ?

– Oh… bien grand mot. Il était bon buveur, bon payeur. Mais bon, il s'était un peu fâché avec Jacquot Millet, n'ayant plus besoin de ses douelles. Sans doute Éloi n'avait-il pas eu le triomphe modeste.

– Je vois. Et ?

– Il a renvoyé, assez injustement et vertement, le petit Sébastien Letourneur. Hier, en début d'après-midi.

– Oui, je connais Sébastien de réputation. Un garçon honorable et travailleur.

– En effet. J'étais… assez désolé.

– Pas un homme très charitable ni très sympathique, votre frère.

– Ce n'était pas un mauvais bougre. Il aimait bien parader, jouer les importants.

– Un fainéant, à ce qu'on m'a dit.

– Aussi, admit Robert.

– Bien sûr, vous ne vous éloignez pas de la tonnellerie. Il vous en cuirait. Mon enquête se poursuit. À vous revoir bientôt.

Quelques secondes plus tard, Hugues de Lermogis lança son étalon au galop. Une silhouette, portant une longue cape sombre, se détachait sur un champ bordant le chemin de terre qui menait à leur bourgade. Le bailli immobilisa son cheval. Il héla l'homme. Celui-ci se rapprocha, sans hâte, s'aidant d'un bâton de marche, qui faisait également office d'arme aux paysans.

– Vous êtes ?

– Anselme, berger, comme vous pouvez le constater, rétorqua le vieil homme au visage si ridé et tanné par le soleil qu'il paraissait centenaire, en balayant l'espace de son bras.

De fait, une série de points blanc gris au loin se révélaient être des moutons.

– Hugues de Lermogis, votre bailli.

– Seigneur.

– Où étiez-vous ce matin ?

– Ici. Comme hier et avant-hier.

– Avez-vous vu du passage sur le chemin ?

– Ben oui, vous, un peu plus tôt. Y'a pas tant de cavaliers que ça par chez nous.

– Certes, mais encore ?

– Euh… avant votre arrivée, oh, plusieurs heures avant, la dame de la tonnellerie, Géraldine Bonfils. À l'aller et au retour… et puis, l'petit gars, qu'est gentil comme tout.

– Le petit gars ?

– Oui, çui dont la mère est nouvelle veuve.

– Sébastien ? Vous l'avez vu hier ? vérifia Lermogis.

– Oui, bien sûr, un peu plus tôt que d'habitude d'ailleurs. Y semblait préoccupé. Y m'a même pas salué. Mais j'l'ai vu aussi c'matin. Il était en retard, le p'tit gars.

– Quand ce matin ? demanda le bailli en refrénant sa curiosité.

– Euh… ben peu d'temps après que maîtresse Géraldine soit passée pour se rendre dans la bourgade.

– L'avez-vous vu repartir ?

– Nan… mais il m'arrive de m'éloigner du chemin, parfois de m'assoupir un peu à l'ombre. J'suis ben vieux et mon chien veille sur le troupeau.

Sébastien Letourneur rafistolait le toit de la chaumière qu'il occupait avec sa famille lorsqu'Hugues de Lermogis pénétra dans le jardinet et le héla :

– Descends, mon garçon ! J'ai à te parler.

Lorsqu'il comprit à qui il avait affaire, Sébastien se troubla. Il commença par affirmer qu'il ne s'était pas rendu chez les Bonfils ce matin-là. Lorsque le bailli lui asséna qu'il détenait un témoignage prouvant l'inverse, les larmes montèrent aux yeux du jeune garçon, qui avoua :

– Ben oui. J'étais furieux. Le gros Éloi passe son temps à ronfler et à picoler, et il me vire parce que je m'écroule de fatigue. C'est Robert qui fait tout là-bas. Un gars bien. L'Éloi, pingre qu'il est, m'a même pas payé ce qu'il me devait. Alors, j'y suis allé pour réclamer mon argent.

– Et ?

– Il était écroulé dans l'atelier. Son crâne saignait. Il avait dû s'affaler, sans doute bourré.

– Et tu n'as pas été chercher du secours ?

– Non. J'voulais pas d'ennuis. Et puis, c'était bien fait pour ce mauvais.

– Il aurait pu être à l'agonie, suggéra Lermogis.

– Oh, non, pas une carcasse comme lui. D'ailleurs, il respirait normalement. Sûr qu'il doit avoir un sacré mal de tête. C'est que justice.

Hugues de Lermogis sourit. Une affaire rondement et rapidement menée ! Un crime sans doute non prémédité mais commis de sang-froid. Comment connaît-il son auteur ?

Solution page 227

Le pain au Moyen Âge

Le pain était bien sûr l'aliment de base au Moyen Âge. S'ajoutait à cela sa valeur sacrée mais également le fait qu'il servait aussi de signe extérieur de richesse. De plus, en tranche épaisse et rassise, il servait d'assiette. Ces « tranchoirs » sur lesquels on déposait les mets s'imbibaient de jus de viande ou de poisson et étaient ensuite offerts aux pauvres, voire aux chiens.

Si les boulangers vendaient le pain dans les bourgades, ils n'étaient le plus souvent que des « dépôts », le pain étant cuit par des fourniers. En effet, par crainte d'incendies, le nombre de feux par ville était très réglementé, et les fourniers s'installaient le plus souvent à la périphérie des bourgs ou en campagne. Soulignons que les boulangers ou pâtissiers avaient interdiction de fabriquer les hosties. La réalisation de ces petits morceaux de pain, qui devinrent dès le XIIe siècle des petites galettes rondes et plates, était réservée aux oublieurs qui fabriquaient aussi les « oublies », sorte de petits gâteaux faits de farine, œufs, lait ou vin blanc et miel.

Le pain de froment (blé) était réservé aux tables riches. Suivaient une multitude de pains, avec des quantités croissantes de seigle, d'épeautre, d'orge, de sarrasin et parfois un peu de froment.

Le « pain du pauvre » était fait de seigle et d'orge peu tamisés.

Le « pain de famine » était le dernier qui restait, lorsque les récoltes avaient été très mauvaises et que plus personne ne trouvait à manger. Il était composé d'un mélange de paille, d'argile, d'écorce d'arbre et de farine de gland.

Quant au « pain raté », il n'avait de rater que son nom. Il s'agissait en fait de pain grignoté par les rats et souris. Il était « soldé » et vendu aux pauvres.

Un rêve abandonné

† Les prémisses

Une neige drue tombait depuis deux jours, ensevelissant les bâtiments de l'abbaye de bernardines du Bon-Sauveur et les terres avoisinantes sous un manteau blanc. Transportées d'une joie gamine, que tolérait avec un sourire complice leur remarquable mère abbesse, Catherine de Milorand, les jeunes moniales s'étaient bombardées de boules de neige, criant de surprise et de bonheur lorsqu'un projectile glacé les frappait au visage.

Le rigoureux hiver ne ralentissait pas les incessantes besognes des sœurs qui appliquaient à la lettre la règle de saint Benoît : travail et prière. Bien au contraire. La disette se répandant depuis quelques années dans la contrée, Mme de Milorand avait ordonné que l'on doublât le nombre de miches de pain du pauvre, distribué au petit matin devant la porterie principale de l'abbaye. Aline, la sœur fournière[1], s'activait afin d'absorber le surcroît de travail. Blanche, jeune moniale de dix-huit ans, avait requis permission d'être la semainière de distribution. Des larmes de reconnaissance lui montaient aux yeux lorsqu'elle tendait les quarts de miches aux petites mains d'enfants qui se levaient vers elle. Son admiration et sa tendresse pour leur mère abbesse lui insufflaient une énergie indomptable, au point qu'elle ne sentait même plus le froid mordant des fins de nuit. Quelle joie de pouvoir offrir de

1. Sœur chargée des cuissons, du pain, par exemple.

quoi manger aux plus démunis ! Mme de Milorand veillait à remplir et même à excéder son devoir d'écuelle que certaines abbayes s'appliquaient, au contraire, à oublier, provoquant la grogne et le mécontentement des populations avoisinantes, saignées par les impôts divers. Lorsque la distribution de pain était terminée, Blanche éprouvait toujours un pincement au cœur : il n'y en avait jamais assez pour rassasier tout le monde. Elle fonçait ensuite aider la fournière, Aline, à remiser le bois qui servirait au lancement du grand four dès vigiles[2], puis à placer les boules de pâte à pain dans les larges pétrins de pierre.

Berthe, leur cellérière[3], passait souvent les visiter au motif de s'enquérir de leur santé. Blanche souriait, sans être dupe. Berthe voyait d'un mauvais œil ce qu'elle nommait l'extrême magnanimité de leur mère abbesse et contrôlait la composition du pain des pauvres, recommandant sans cesse qu'on en abaisse encore la minime proportion de froment, plus dispendieux, au profit de seigle, d'orge ou d'avoine, ou pourquoi pas de farine de fève ou de gland, « très nourrissantes » selon ses dires. La fournière, une robuste femme qui ne s'en laissait pas conter, acquiesçait d'un mouvement de tête courtois et haussait les épaules dès le départ de la cellérière, commentant invariablement :

– Mais de quoi je me mêle ! Si on augmente encore le gland ou la fève, c'est plus du pain qu'on obtiendra mais des galettes dures comme la pierre ! Ça ne monte pas, le gland, même en lui chantant des cantiques, et ça donne des gaz !

2. Vers 3 heures du matin en hiver.

3. Sœur chargée de la gestion de l'abbaye : approvisionnement, nourriture, magasins, etc.

Nous ne sommes pas des cochons ! Qu'elle le mange, son pain de fève et de gland puisque c'est si reconstituant !

Blanche s'amusait de ces reparties, sans rien en manifester. Après une triste enfance, durant laquelle elle avait été un peu le souffre-douleur de ses nombreux frères et sœurs, cette abbaye ressemblait au paradis pour elle. Toutes ses sœurs d'ordre et même les serviteurs laïcs l'appréciaient, justement parce qu'elle était aimable, de bonne humeur, s'efforçant toujours de rendre service, et parce qu'aucune médisance ne sortait jamais de sa bouche. De plus, ses dons d'observation et d'analyse avaient vivement impressionné ses sœurs et surtout leur mère lors de deux récentes affaires de meutres survenues en l'abbaye. Modeste, Blanche évitait de les évoquer, d'autant que ce petit univers reculé du monde, à une heure de marche du plus proche village, se serait volontiers passé de ces histoires sanglantes et sordides. Surtout, Blanche était assez maligne pour savoir que le succès agace ceux qui n'en ont pas. Elle ne tenait aucunement à attiser les jalousies.

Cette nuit-là, peu avant vigiles, l'heure du premier office, elle se réveilla, vaguement oppressée. Il lui fallut quelques instants pour se souvenir du rêve pesant qui l'avait tirée du sommeil. Il faisait nuit et la neige tombait, fine et glaciale. Elle était seule, debout devant la porterie, environnée des pains à distribuer, alors que, à l'accoutumée, plusieurs serviteurs laïcs l'aidaient, tranchant les miches avant de les lui passer. Ses pieds nus s'enfonçaient dans la neige épaisse mais elle ne semblait pas avoir froid. Pourquoi avait-elle oublié d'enfiler ses mi-bas de laine et de chausser ses socques ? Un petit garçon efflanqué acceptait le pain qu'elle lui tendait. Puis, il lui tendait une sorte de cocon allongé, déclarant : « Pour vous, un présent. » Elle acceptait, rabattait le haut de la couverture et apercevait dans la lueur blafarde dispensée par la lune un visage de bébé gazouillant. Dans son rêve, cette découverte ne semblait pas l'étonner. Elle remerciait le garçonnet d'un signe de tête et rentrait dans la cour d'honneur de l'abbaye. Elle s'était réveillée à cet instant précis. Sans être un cauchemar, le rêve l'intriguait de désagréable manière. Elle tenta de se rendormir, en vain. Le rêve revenait sans cesse dans son esprit.

L'INTERPRÉTATION DES RÊVES

Elle ne date pas d'hier ! Au Moyen Âge, on accordait beaucoup d'importance aux rêves, que l'on croyait, le plus souvent, prémonitoires. De nombreux témoignages existent, émanant notamment d'hommes d'Église. Les rêves les plus « marquants » étaient ceux durant lesquels des revenants venaient suggérer des choses importantes aux dormeurs. En effet, on croyait aux fantômes, qu'ils menacent les vivants pour réclamer justice ou les aident de leurs conseils. Ajoutons que les revenants sont une très vieille tradition dont on retrouve la trace depuis la plus haute antiquité.

Bien que s'en voulant de cette nervosité inhabituelle chez elle et n'y tenant plus, Blanche se leva sur une intuition et s'habilla sans bruit. Telle une ombre furtive, elle sortit du dortoir des moniales, situé au-dessus de la bibliothèque. Une lune presque pleine éclairait la nuit, découpant les silhouettes fantomatiques des bâtiments et des arbres. Sans trop savoir dans quelle direction la menaient ses pas, elle se retrouva derrière la porterie principale, protégée par un lourd et large huis défendu de traverses de fer. Elle resta immobile, se demandant ce qu'elle faisait là et surtout pour quelle raison elle était aux aguets. Nul bruit, nulle menace.

Elle haussa les épaules, agacée contre elle-même, et s'apprêtait à tourner les talons lorsqu'une sorte de petit cri la retint. Un cri qui provenait de l'autre côté de la lourde porte à double battant. Blanche s'approcha et colla l'oreille au panneau de chêne sombre. Quelques secondes s'écoulèrent, puis une plainte aiguë mais faible lui parvint. On eut cru un petit animal en souffrance. Elle hésita puis fit basculer le tour[4] qui permettait de faire passer des messages et de vérifier l'identité d'un arrivant sans ouvrir la porte. Elle tenta de percer du regard l'obscurité. Un vagissement. Un bébé, cette fois, elle en était certaine. Son sang ne fit qu'un tour. Le rêve, son rêve se révélait-il prémonitoire ?

Bandant ses muscles, elle entreprit de faire basculer l'imposante traverse qui bloquait la porte. Une vague hésitation la retint lorsqu'elle décrocha l'énorme clef suspendue au mur. Elle commettait une grave faute : aucune moniale n'était autorisée à ouvrir sans l'aval de la sœur tourière[5]. Et s'il s'agissait d'une ruse de pillards, utilisant les pleurs d'un bébé afin de pénétrer en force dans leur monastère ? Pourtant, elle entrouvrit le battant et fit quelques pas prudents, prête à se ruer vers l'intérieur à la moindre alerte. Une nouvelle plainte lui fit baisser le regard. Un long cocon, comme celui du rêve, gisait à quelques mètres de la porte. Toujours sur ses gardes, elle le

4. Sorte de judas circulaire qui pivotait.

5. Sœur qui tenait le tour de la porte et était autorisée à sortir du couvent pour recueillir les aumônes.

souleva, certaine de ce qui était emmitouflé sous la couverture de laine brune. Elle avança encore, son regard scrutant le manteau neigeux qui s'était déposé depuis deux jours.

Perplexe, Blanche rentra, ferma la porte et tourna la clef. Elle posa son précieux chargement sur le sol pour basculer en sens inverse la traverse. Elle s'accroupit ensuite et rabattit un pan de la couverture. Un adorable nourrisson lui souriait, ses grands yeux bleus semblant avoir du mal à la fixer. Un bébé âgé de quelques jours. Le nouveau-né était sanglé dans une épaisse couche de lin. Blanche déplia complètement la couverture et tâta son postérieur. Sec. Le bébé ne pleurait plus, sans doute rassuré par une présence humaine. En d'autres termes, il n'avait pas faim.

Que faire maintenant ? Il gelait à pierre fendre et l'enfant pouvait avoir souffert du froid. Blanche savait qu'elle serait sévèrement rabrouée pour avoir ouvert la porte, et récupéré le bébé sans avertir quiconque. Au point où elle en était, la verte remontrance ne pouvait pas être pire. Elle décida de se rendre à l'infirmerie et de démailloter le bébé afin de vérifier qu'il n'avait pas les pieds bleuis par le froid.

L'infirmerie, précédée de jardins entretenus avec soin, s'élevait non loin de la demeure de l'apothicaire, l'irascible et peu compétente Barbe. Les autres moniales fuyaient ses remèdes, hormis quelques infusions inoffensives, de peur que la sœur se trompe de simples[6] ou de doses et les empoisonne involontairement. Du coup, Barbe y voyait un effet miraculeux de ses tisanes, puisqu'aucune de ses sœurs ne

6. Plantes médicinales.

se plaignait de maux de tête, de ventre ou de dos. De fait, l'humilité ne faisait pas partie de ses plus grandes vertus.

Blanche se glissa sans bruit dans l'infirmerie déserte. Un feu brûlait dans l'âtre, un confort rare dans l'abbaye et réservé aux éventuelles malades. Aucun autre bâtiment n'était chauffé, à l'exception de la salle des saintes reliques, où l'on redoutait le développement de moisissures dues à l'humidité, et la bibliothèque, qui bénéficiait de petites flambées pour éviter que les pages des précieux manuscrits ne racornissent ou que l'encre gèle.

Blanche posa le bébé sur la table de soins et ôta la couverture, puis les couches de lin qui l'enveloppaient. Quelque chose en tomba. La jeune moniale le ramassa et l'examina. Une petite ombelle de fleurs blanches, encore fraîches.

Une délicieuse petite fille parut. Blanche examina les ongles de ses pieds, de ses mains, soupirant de soulagement. La chair fragile était rosée. Le bébé n'avait pas souffert du froid et produisait des petits bruits de gorge satisfaits.

– Ma sœur ? s'exclama une voix dans le dos de Blanche.

La jeune femme sursauta. Irène, leur dévouée infirmière, le voile de guingois, la dévisageait.

– Ma bonne sœur… euh… J'ai trouvé un bébé.

– Pardon ? s'étonna Irène en s'approchant.

Un sourire ravi illumina son visage ridé. Elle gazouilla :

– Oh, quel amour, jolie comme un cœur ! Mais comment cela, « trouvé » ?

– Eh bien…

Blanche narra son rêve et sa faute : avoir ouvert la porte sans autorisation.

– Certes, notre bonne tourière ne sera pas contente. D'un autre côté, si ce rêve vous a visitée c'est que quelqu'un, là-haut, souhaitait que vous sauviez ce bébé. Un ange, peut-être ? Désobéir à un ange serait bien plus coupable que faire fi des ordres d'une tourière.

Les enfants au Moyen Âge

La perception des enfants était alors très différente de la nôtre. Les femmes étaient enceintes presque tous les ans, et un enfant sur deux parvenait à l'âge de cinq ans. L'enfant de sexe masculin était perçu, selon les classes, comme une force de travail ou un successeur. Dans le cas des filles, il s'agissait le plus souvent d'une charge puisqu'il fallait les doter pour les marier, à moins qu'une union politique ou économique ne soit envisagée. En raison des difficultés à survivre et à nourrir une bouche supplémentaire pour la plupart des gens, les infanticides ou les abandons, voire les ventes d'enfants, étaient fréquents.

– Elle a peut-être faim ? suggéra la sœur infirmière.

– Elle ne pleure pas mais il faudra recourir aux services d'une nourrice humide[7] du village.

– Jusque-là, on pourra lui donner du lait de brebis. Oh, gouzi-gouzi, gloussa-t-elle en embrassant le petit ventre nu. On sent bon comme une petite princesse. Se tournant vers sa jeune sœur, elle déclara : Allez prendre un peu de repos, Blanche. Je m'occupe de trouver un linge pour confec-

7. Il s'agissait de femmes ayant eu des enfants et qui allaitaient les enfants d'autres femmes contre rémunération.

tionner un lange confortable et la coucherai ici, où il fait bon.

La nouvelle de l'arrivée d'un bébé entre les murs de l'abbaye se propagea à la vitesse de l'éclair. Blanche fut sommée de s'expliquer avec Mme de Milorand et la sœur tourière, Henriette de Valcourt, la mine sévère.

– Un rêve, dites-vous, ma fille ?

– Sur ma foi, ma mère.

– Un ange est-il intervenu dans ce rêve ?

– Non pas. Ne s'y trouvaient que le garçonnet et moi… en plus du bébé.

– Vous ne devez pas ouvrir la porte sans ma permission. Où allons-nous, mais où allons-nous, si chacune agit ainsi qu'elle le juge approprié ! vitupéra la tourière.

– J'en suis désolée et m'en repens, ma sœur.

– Comment allons-nous la prénommer ? interrogea Mme de Milorand.

– C'est aujourd'hui l'anniversaire de la bienheureuse Jutte[8], proposa Blanche.

– Va pour Jutte. Un rêve ? Voilà une explication recevable. Toutefois, votre manque de réflexion n'est pas à votre honneur, déclara la mère abbesse, plus pour apaiser l'acrimonie manifeste de sa tourière que pour sermonner la jeune fille.

Satisfaite, Henriette de Valcourt approuva d'un petit et sec mouvement de tête.

---

8. Elle soigna, au XIIe siècle, les lépreux dans la région de Liège.

– Il nous faut la baptiser dès demain. Peu importe qu'elle le soit déjà, décida Mme de Milorand. Sans doute une pauvre fille du coin aura-t-elle fauté et abandonné l'enfant à notre porte, sachant qu'il serait sauvé.

– J'en doute, ma mère, rectifia Blanche.

– De grâce, expliquez-vous, s'étonna l'abbesse.

– Le bébé est très propre et sent l'eau de fleurs. Jutte a été baignée dans une décoction de chèvrefeuille peu avant d'être déposée devant la porterie.

– Fichtre ! Une dame de noblesse ou de la bourgeoise, alors ?

– J'en doute encore. Le premier manoir est à deux heures de marche, le village à une heure, davantage par cette neige. Le bébé était sec, avait été nourri peu avant, et je n'ai remarqué aucune empreinte de pas dans la neige avoisinante.

– Dieu du ciel, murmura l'abbesse en jetant un regard affolé à sa tourière. Un bébé… de chez nous ? Est-ce là où vous en venez, ma chère Blanche ?

– En effet, ma mère.

– Une servante laïque ? tenta de se rassurer l'abbesse.

La perspective qu'une de ses filles ou même une novice ait enfanté entre leurs murs la stupéfiait.

– Reste à savoir qui aurait pu baigner Jutte dans une eau de fleurs. Sans doute pas une servante laïque.

– Mais… mais… enfin, une grossesse se remarque, tenta de raisonner Mme de Milorand.

– Elle peut passer relativement inaperçue chez une femme très mince ou au contraire très en chair, surtout si celle-ci relâche la cordelette de sa robe. Une femme peut aussi bander son ventre et un scapulaire dissimuler un soudain embonpoint, argua Blanche.

– Mais… Enfin, accoucher seule… certaines délivrances sont longues et très douloureuses, souligna l'abbesse que l'affolement gagnait.

– D'autres se déroulent comme des brises ou presque, si j'en juge par ma propre mère, rétorqua Blanche.

– Ah, Doux Jésus ! gémit Huguette de Valcourt. Quel scandale en perspective ! Ne nous manquait que cela !

– Avec tout mon respect, ma sœur, porter et mettre au monde une créature de Dieu ne peut guère s'apparenter à un méfait, ne put s'empêcher de répondre Blanche.

– Pas s'il y a fornication entre nos murs, couina la tourière. Enfin, voulez-vous que Rome diligente une enquête sur nous, pour conduite impie et scandaleuse ? Pensez à notre mère, jeune écervelée !

Blanche se mordit les lèvres. Dieu du ciel ! Bien sûr, la désagréable tourière avait raison. Le Vatican expédiait parfois des enquêteurs dans des monastères dont la rigueur était défaillante. Or, l'abbé ou l'abbesse était tenu pour responsable des manquements au dogme ou à la règle. Jamais elle ne ferait rien qui puisse porter le moindre préjudice à Catherine de Milorand. L'idée que celle-ci puisse être menacée lui était intolérable. Au fond, Blanche l'admettait : en plus d'être sa mère d'ordre, Mme de Milorand avait remplacé la mère de sang que Blanche aurait aimé avoir.

† L'enquête

Une idée germa dans l'esprit de Blanche. Elle proposa :

– Je ne vois qu'une solution : découvrir la vérité sur ce bébé, apprendre l'identité de sa mère et… étouffer l'affaire.

– Étouffer l'affaire ? s'enquit la mère abbesse.

– Certes, nous ne sommes que trois dans le secret. Irène, notre bonne sœur infirmière, sait seulement que j'ai trouvé un bébé devant la porte de l'abbaye, bébé qui pourrait venir de n'importe où.

– Et la mère de Jutte ?

– Elle voulait son bien, sans quoi, elle aurait noyé la fillette à la naissance ou l'aurait abandonnée dans les bois avoisinants. L'enfant serait morte de froid ou aurait été dévorée par les ours. Cette femme, qui qu'elle soit, espérait que nous recueillions sa petite fille. Elle l'a nourrie et changée juste avant de la déposer devant notre porterie, peu avant le premier office, sachant que nous la trouverions assez vite. En d'autres termes, le cas échéant, elle mentira volontiers pour protéger son enfant.

– Blanche… pensez-vous parvenir à l'identifier ? demanda Mme de Milorand d'une voix où perçait l'inquiétude.

– Je puis m'y employer avec énergie, ma mère.

Ce soir-là, lorsque Blanche s'allongea dans son lit étroit – après des « bonne nuit » souriants à ses voisines –, elle réfléchit. Elle aimait les nuits d'hiver, en dépit du froid intense qui régnait dans le dortoir et qui ne leur valait qu'une mince couverture supplémentaire. Les longues nuits de neige sécrétaient un silence particulier, propice à la réflexion... au repos aussi. Au contraire, les journées d'été s'étiraient au point qu'elles paraissaient interminables, puisque le travail et le moindre moment étaient rythmés par l'alternance du jour et de la nuit. Les sœurs s'affalaient donc épuisées, pour un court sommeil, peu réparateur et entrecoupé par les offices. Puis, à la mauvaise saison, revenaient les longues nuits et Blanche se faisait l'effet d'une marmotte.

La couverture remontée jusqu'au front afin de se réchauffer un peu, elle songea. Quelle étrange série de coïncidences ! Elle rêvait donc qu'on lui remettait un bébé, se réveillait et, une fois parvenue, à la porterie principale trouvait ledit bébé. Certes, penser qu'elle avait été visitée par un ange l'aurait terriblement flattée. Toutefois, elle avait un peu de mal à y croire, même si de tels songes étaient rapportés dans des manuscrits sérieux, rédigés par des théologiens. Elle tenta de raviver ses souvenirs des jours passés, y cherchant un détail qui pourrait expliquer un tel rêve, en vain. Le froid et la fatigue de la journée eurent raison d'elle, et elle sombra dans un profond sommeil.

Le lendemain à l'aube, Blanche s'acquitta de distribuer le pain aux pauvres. Sans même s'en rendre compte, elle chercha du regard le garçonnet de son rêve dans la haie de femmes, de vieillards et d'enfants qui se pressaient à quelques mètres de la porterie. Sans succès. Elle fonça ensuite au réfectoire. Une fois engloutie la soupe claire du matin, accompagnée de pain et d'un verre de vin tiède aux épices, Blanche fila rejoindre Aline la fournière, qui préparait déjà les miches du lendemain. Blanche n'avait guère progressé dans son enquête, et une seule déduction s'imposait, mince consolation : la femme qu'elle recherchait devait être en âge de procréer, ce qui éliminait un bon quart de ses sœurs, dont Aline. Aimant bien le bavardage, celle-ci attaqua aussitôt :

– Quelle histoire que ce bébé que vous avez trouvé ! Une fille, à ce qu'on m'a confié.

– Si fait. Une pauvresse du village a dû l'abandonner à notre porte dans l'espoir que nous la recueillerions, mentit Blanche sans vergogne puisque son but principal consistait à protéger l'abbesse.

– Ce ne serait guère la première fois… ni la dernière. Les temps sont durs pour les villageois. Remarquez… Je me souviens… Oh, c'était des années avant l'arrivée de notre nouvelle mère… Dieu la protège… Une de nos sœurs… Quel affolement ! Je m'étais bien dit qu'elle semblait étrange depuis un moment et s'enveloppait d'un certain embonpoint. Elle affirmait à tous qu'elle allait au mieux. Jusqu'au jour où elle a perdu les eaux en pleine messe.

– Qu'est-elle devenue ?

– Renvoyée, avec son enfant, bien sûr. Nous faisons vœu de chasteté. La punition aurait pu être plus sévère.

– Et ensuite ? insista Blanche.

– Je l'ignore. La destinée des femmes non mariées, avec enfants, sans le sou, sans soutien, est tracée d'avance, surtout lorsqu'elles n'ont plus aucune chance d'entrer au monastère.

– La prostitution, traduisit la jeune moniale.

– Oui… ou alors un emploi de servante dans une famille charitable, compléta Aline d'un ton dont la sincère tristesse toucha Blanche.

– Et cette femme, votre ancienne sœur… A-t-elle évoqué le père de son enfant ?

– Non. Elle a refusé de donner son nom. M'est avis qu'il s'agissait d'un homme de robe et qu'elle savait qu'elle aggravait son cas en l'avouant.

Blanche eut l'étrange impression qu'Aline lui dissimulait une partie de la vérité. D'ailleurs, la fournière changea abruptement de sujet, se lançant dans une comparaison des qualités de panification des différents mélanges de farines.

À son habitude, Berthe, la pingre cellérière, fit une apparition.

– Et combien de beaux pains prévoyez-vous d'offrir demain, ma bonne Aline ?

– Il ne s'agit pas de « beaux pains », ma sœur, mais de miches du pauvre, rectifia la fournière d'un ton pincé. Sur ordre de notre mère, la même quantité qu'hier et aujour-d'hui.

– Que de dépenses ! marmonna l'autre avant de se tourner vers Blanche. Alors, ma chère semainière, et ce bébé ? Jutte, m'a-t-on dit ? Je ne l'ai pas encore vue mais on la prétend mignonne à croquer.

– En effet, ma sœur. Elle va bien, je pense.

– Dieu veillait sur elle puisqu'elle a atterri chez nous, conclut la cellérière avant de prendre congé.

Blanche songea que c'était bien la première fois que cette femme, très efficace mais assez déplaisante, esquissait un véritable sourire en sa présence. Quel âge pouvait-elle avoir ? À peine quarante ans.

Quelques minutes plus tard, l'inattendue visite de l'atrabilaire Barbe surprit la jeune femme. L'apothicaire leur tendit deux gobelets d'infusion fumante. Aline renifla le sien discrètement avant de s'enquérir :

– Quelle généreuse pensée de votre part. Qu'est-ce ?

– Thym, mauve, lavande, un mélange souverain.

Blanche retint un soupir de soulagement : il s'agissait de simples très reconnaissables et on n'avait encore jamais empoisonné personne avec cela !

– Contre quoi ? voulut savoir la fournière.

– Contre un peu tout. Il traîne une petite toux parmi nos sœurs. Je préfère prendre les devants plutôt que de vous voir toutes alitées sous peu.

– Quelle chance de vous avoir, la flatta Blanche.

– N'est-ce pas ! approuva Barbe, très sérieusement. Au fait, je me demandais, comme cela, ce qu'il allait advenir du bébé fille que vous avez découvert. Vous vous doutez que le couvent est en émoi et ne parle que de cela.

Blanche perçut son hésitation. Une hésitation qui la sidéra venant de la péremptoire Barbe.

– J'ai cru comprendre que notre mère, dans son infinie bonté, avait décidé de la recueillir afin que nous l'élevions.

L'apothicaire baissa le regard, murmurant :

– Hum…

– Ma sœur, une question m'est venue… Votre immense savoir devrait m'aider… Quelles sont les fleurs d'hiver dont nous jouissons en notre région ?

Le visage peu gracieux de l'apothicaire se plissa de concentration.

– Les fleurs d'hiver… Citons l'hellébore qui soigne les états mélancoliques et les menstrues douloureuses, à utiliser avec grande précaution car la dose est vite toxique. Le charmant *Galanthus*[9], bien sûr…

– De minuscules fleurs en ombelle, d'un blanc rosé ? l'interrompit Blanche.

– Au plein de l'hiver ? Ah mais c'est notre bon *Viburnum tinus* ! Plus connu sous le nom de viorne-tin ou de laurier-tin[10]. Un arbuste selon mon cœur, peu exigeant et très accommodant.

– L'utilisez-vous pour vos remèdes ?

Blanche l'imagina-t-elle ou une ombre d'embarras passa-t-elle sur le visage émacié de l'apothicaire ?

– Heu… Ma foi… Certes ! Ses baies sont un remarquable purgatif. Toutefois, un purgatif violent, à ne pas laisser entre des mains non expertes. Elle eut un sourire forcé et annonça,

9. Perce-neige.

10. Le laurier-tin est réputé pour lutter efficacement contre certains acariens des fruitiers.

soudain pressée : Bien… Je récupère mes gobelets. À vous revoir au réfectoire.

Après tout, Barbe était en âge de procréer, et qui mieux qu'elle possédait les remèdes pour apaiser les nausées de grossesse, voire accoucher seule ?

Une fois son travail terminé, Blanche décida d'aller discuter un peu avec Agnès, leur sacristaine. Elle aimait bien la grande femme charpentée, sans doute parfois revêche, mais fine et n'ayant pas la langue dans sa poche. En dépit des piques qu'elle pouvait lancer aux unes et aux autres, toutes appréciaient Agnès, sans doute parce qu'elles percevaient sa réelle bonté sous sa brusquerie. On se confiait donc volontiers à elle. Surtout, Agnès était encore en âge d'enfanter. Elle la trouva dans la salle des reliques, examinant leurs précieux trésors. Agnès avait entre autres pour mission de veiller à ce que ni l'humidité ni les insectes n'endommagent les quelques saintes reliques de leur pieuse collection sur laquelle elle veillait telle une aigle, au point que nul ne pouvait pénétrer dans la salle hors de sa présence.

– Blanche, heureuse de vous voir ! Un rêve bienvenu vous aurait permis de sauver une petite fille ? lança aussitôt la sacristaine.

– Oh, de toute façon, je l'aurais découverte un peu plus tard, durant la distribution de pain.

– Le plus tôt était le mieux, avec ce froid.

Blanche, aux aguets, remarqua les traits tirés et la mine fatiguée de la sacristaine.

– Vous semblez bien lasse, ma sœur.

– Non pas… Je pense avoir attrapé la petite toux qui court en ce moment.

Elle y alla d'une série de toussotements secs qui parurent bien artificiels à Blanche.

– Barbe nous a fait porter une infusion. Elle redoute une contagion, signala la jeune fille.

Au moment où elle allait prendre congé, sentant qu'elle ne tirerait rien d'Agnès, Marie-Thérèse, leur sœur gardienne des vergers, pénétra dans la salle des reliques. Blanche aimait beaucoup cette petite femme discrète et toujours souriante. La rumeur voulait que, après avoir été maltraitée par un mari buveur et violent, elle ait cherché refuge au Bon-Sauveur. Elle s'y épanouissait depuis cinq ans.

– Oh, je vous dérange ! Mille pardons. Je venais me détendre un peu et bavarder en bonne compagnie. La récolte des baguettes de greffons fruitiers est assez fatigante, avoua Marie-Thérèse.

De fait, Blanche lui trouva les traits tirés, ce que n'expliquait certainement pas une tâche aussi légère que la récolte de quelques greffons. Soudain, elle déclara d'un ton sec :

– Je pense, mes sœurs, que nous devrions en effet discuter.

COMMENT BLANCHE A-T-ELLE DEVINÉ QUI ÉTAIT LA MÈRE DE JUTTE ?

SOLUTION PAGE 229

TESTEZ VOS CONNAISSANCES SUR LE MOYEN ÂGE

1. Philippe le Bel était en réalité :
   a) Philippe II
   b) Philippe III
   c) Philippe IV
   d) Philippe V

2. Que signifiait « bailler le lièvre par l'oreille » ?
   a) Faire des confidences
   b) Faire des fausses promesses
   c) Être un mauvais chasseur
   d) S'ennuyer terriblement

3. Quand la confession (aveu confidentiel des péchés) fut-elle rendue obligatoire ?
   a) 776
   b) 918
   c) 1215
   d) 1248

4. Saint Louis était en réalité :
   a) Louis VI
   b) Louis VII
   c) Louis VIII
   d) Louis IX

5. Les petites lanternes en bois ou en métal dans lesquelles on protégeait lampes à huile et bougies des courants d'air s'appelaient des :
   a) Lumignons
   b) Esconces
   c) Quinquets
   d) Candélabres

6. Un « tondeur » était :
   a) Un spécialiste de la tonte des moutons
   b) Un instrument terminé d'une lame permettant de tondre les moutons
   c) Un artisan qui enlevait la bourre des tissus de laine
   d) Un joueur de dés professionnel

7. Un « tranchoir » était un :
   a) Un couteau très aiguisé pour découper la viande
   b) Une sorte de lame large servant à ébarder
   c) Une tranche de pain rassis servant d'assiette
   d) Une hache à double tranchant

8. À l'origine, un « valet » était :
   a) Une sorte de long coffre dans lequel on rangeait les vêtements
   b) Un domestique employé dans un vaste demeure ou une ferme
   c) Un jeune homme de l'aristocratie, compagnon d'un baron
   d) Un salarié qui tenait une boucherie ou une poissonnerie

9. Un « destrier » était :
a) Un étalon
b) Un pur-sang rapide
c) Un cheval de guerre
d) Un cheval de tournoi

10. Quel(s) jour(s) devait-on « faire maigre », c'est-à-dire ne pas manger de viande ni de produits laitiers, entre autres ?
a) Le lundi et le vendredi
b) Le vendredi
c) Le mercredi et le vendredi
d) Le mercredi, le vendredi et le samedi

11. Le « nicolaïsme » était :
a) Le mariage ou le concubinage des clercs
b) Une particularité rituelle des célébrations de Noël en Alsace
c) Une « hérésie » fondée par un certain Nicolas Lemaître qui autorisait l'ordination des femmes
d) Le culte porté à Nicolas Ier (vers 800-867), devenu pape en 858

12. Le mot « compère » signifiait à l'époque :
a) Le compagnon d'un voyou
b) Un compagnon de beuverie
c) Un voisin agréable
d) Un parrain

13. La réunion du duché de Bretagne au royaume français se fit en :
a) 1275
b) 1389
c) 1532
d) 1603

14. Un « ongle-bleu » était :
a) Un mort par noyade
b) Un artisan qui teignait les draps de laine et la toile
c) Un enlumineur de manuscrits
d) Un oiseau d'une race de rapaces disparue de nos jours

15. La « vinette » était le nom de :
a) De l'oseille sauvage
b) D'une sauce à base de vinaigre et de lait
c) Du premier vin obtenu à partir du jus de raisin, en général assez âcre
d) D'un instrument de musique apprécié des dames

16. À l'origine, le « charivari » était :
a) Une fête de village où l'on dansait et s'amusait beaucoup
b) Une danse paysanne
c) Une composition musicale chantée à quatre ou cinq voix
d) Un chahut organisé par les proches d'un veuf ou d'une veuve qui se remariait

17. Une « herminette » était :
   a) Une petite cape courte bordée d'hermine
   b) Un piège destiné à attraper des hermines
   c) Un outil de charpentier ou de tonnelier
   d) Un instrument de musique à vent

18. L'expression « croquer le marmot » signifiait :
   a) Avoir des rapports sexuels illégitimes
   b) Décéder brutalement
   c) Donner une claque à un bébé venant de naître pour qu'il crie et respire
   d) Attendre indéfiniment

19. La Grande Peste qui sévit en France entre 1347 et 1352 décima :
   a) 5 % de la population
   b) 10 % de la population
   c) 25 % de la population
   d) 50 % de la population

20. En 2000, 96 % de la population française parvenait au moins à l'âge de 60 ans. Quel était ce pourcentage au Moyen Âge ?
   a) 10 %
   b) 20 %
   c) 30 %
   d) 40 %

21. À l'époque, le « mouleur » :

a) Fabriquait des moules pour couler le métal fondu

b) Était chargé de mesurer les bûches

c) Vendait les moules et les huîtres

d) Foulait aux pieds le raisin pour en tirer le jus

22. Le « restaur » était :

a) La pause du milieu de la matinée lorsque les travailleurs aux champs se restauraient

b) Le repas que l'on prenait dans une auberge sans avoir l'intention d'y dormir

c) L'obligation pour un serf de restaurer la chapelle de son seigneur sur ses rares heures de repos

d) L'obligation pour le seigneur de rembourser à l'un de ses hommes d'armes son cheval mort en service

23. Le « chevage » était :

a) Un impôt spécifique payé par le serf au seigneur

b) Un impôt payé à l'Église lors de la vente d'un cheval

c) Les premiers mois du veuvage d'une femme

d) L'obligation faite aux serfs d'entretenir le chevet des églises sur leur temps libre

24. La « rubèbe » était :

a) Un onguent utilisé pour soigner les gencives inflammées

b) Une plante sauvage de la famille de la rhubarbe utilisée en alimentation

c) Un instrument de musique à corde à sonorité grave

d) Une affection dermatologique des nouveau-nés donnant des plaques rouges

25. Le « quarrel » était :

a) Un jeu d'adresse se jouant à quatre

b) Un tabouret à pieds ou plein

c) Une maladie des porcs qui décimait les élevages

d) Une danse à deux couples

SOLUTIONS PAGE 232

SOLUTIONS

Charité bien ordonnée

Blanche est certaine que la tueuse ne peut être qu'Edwige ou Adèle, en raison de leur absence d'alibi au moment du meurtre et de leur stature.

Marie-Bernadette était beaucoup plus lourde que sa meurtrière, voilà pourquoi elle a été frappée, puis poussée dans le bassin. Mais Marie-Bernadette s'est défendue, comme en témoigne le dessous de ses ongles, noirâtres de sang séché. Or, seule Adèle a eu une réaction lorsqu'elle lui a posé la main sur l'avant-bras. Edwige, en revanche, a réceptionné le lourd fagot sans sembler en souffrir.

Blanche rapporte ses avancées à l'abbesse, sidérée. Ordre est donné à Adèle de se dévêtir. Ses avant-bras portent des ecchymoses et des traces de griffures profondes. En dépit de ses protestations d'innocence, elle est menacée du bourreau par l'abbesse et finit par avouer, le visage défiguré par la haine :

– Je la détestais, comme je déteste cet endroit ! Je vous exècre toutes ! Je veux vivre ! Je veux vivre libre, dehors ! Si je ne m'étais pas retrouvée orpheline, noble et sans le sou, jamais je n'aurais rejoint un couvent !

Adèle s'est mise à voler, afin d'amasser un petit pécule pour pouvoir fuir un jour le monastère. Elle prélevait les carpes, les œufs et d'autres denrées à leur arrivée en cuisine afin de les revendre à un vivandier. Elle a également mis à profit ses fonctions ailleurs pour dérober tissus, bougies[1], livres, tout ce qu'elle pouvait.

Ce matin-là, Marie-Bernadette, qui commençait à se douter qu'Edwige n'avait rien à voir dans les larcins, a surpris Adèle la main dans le sac. Une vive dispute s'est ensuivie, Adèle prétendant se repentir. De crainte d'être dénoncée à l'abbesse, Adèle lui a ensuite fait croire qu'Edwige l'attendait au vivier pour avouer sa complicité dans les vols. Elle l'a frappée avec une pierre et poussée dans l'eau.

La sentence de Mme de Milorand ne se fait pas attendre : la mort. Adèle sera remise au bailli.

LES BAILLIS (OU BAYLES) ET PRÉVÔTS

Il s'agissait d'agents de l'administration seigneuriale chargés de la gestion financière, mais également de la police et de la justice. S'y joignirent les sénéchaux, mais ceux-ci exerçaient une activité plus transitoire, alors que les baillis étaient des professionnels qui gardaient le plus souvent leur fonction à vie, même lorsqu'ils changeaient de baillage. Les prévôts, dont la mission était similaire à l'origine, s'occupèrent ensuite surtout de la perception des impôts, à l'exception du prévôt de Paris, véritable bailli, qui exerçait tous les pouvoirs de justice, police et administration.

1. Très chères à l'époque, elles étaient réservées au culte ou aux gens riches.

AU LEVER DU JOUR

Hugues de Lermogis somme Clotilde de dire la vérité. Si elle se soumet, elle méritera une verte réprimande. Dans le cas contraire, elle sera accusée de témoignage trompeur ayant contribué à la condamnation d'un innocent, témoignage aggravé puisque le bailli suppute qu'elle a été rétribuée. Affolée, Clotilde ne résiste pas longtemps. En effet, la dame de compagnie de Mlle Marguerite l'a abordée. La jeune fille affirme que Géraud s'était répandu en mensonges sur son compte, affirmant qu'il l'avait maintes fois troussée et de toutes les façons possibles. Entre deux sanglots, elle répète :

– Vous rendez-vous compte, seigneur bailli ! Je suis pucelle. Si c'était revenu aux oreilles de mon père ou de mon frère… je n'ose imaginer la punition que j'aurais reçue… Quelle ordure, raconter d'odieux mensonges de ce genre, tout cela parce que, justement, je refusais qu'il aille jusqu'au bout ! Et je n'étais pas la seule, puisque la dame de compagnie m'a avoué qu'il clabaudait les mêmes horreurs sur le compte de la damoiselle Marguerite, qui allait se marier ! C'est pour cela que j'ai accepté de témoigner. Elle ne m'a pas payée. Je voulais que Géraud cesse avant de ternir ma réputation.

– Comment est-elle, physiquement, cette Bertille ?

– De petite taille. Elle ne voulait pas qu'on risque de la reconnaître, aussi m'a-t-elle abordée en plein champ. Je n'ai guère vu son visage. La capuche de son mantel doublé de fourrure était rabattue bas. D'ailleurs, j'étais si ulcérée et stupéfaite que je n'y ai pas fait très attention. Je me souviens juste qu'elle portait des gants de peau bleu pâle et qu'elle avait une voix douce et basse.

Bertille n'a jamais existé, ou alors, elle est demeurée en la capitale, sa jeune maîtresse venant seule au château d'Hautmont. Marguerite est la seule actrice de ce piège redoutable. Après avoir séduit Géraud, elle a foncé chez la matrone jurée. Le temps que celle-ci se prépare et arrive à pied jusqu'au château, elle s'est précipitée dans la bourgade pour prévenir les gens d'armes, puis est rentrée au château et a joué sa comédie de jeune fille violée. La preuve, Géraud a été arrêté « au plein de la nuit » selon le rapport des hommes du bailli et Mme Deschamps est rentrée chez elle à laudes, entre 5 et 6 heures du matin, après avoir passé une heure avec sa fausse éplorée. Marguerite a prétendu que Bertille s'était absentée pour prévenir les forces de l'ordre. Si tel avait été le cas, et étant donné le temps qu'il lui a fallu pour arriver au village, puis celui qu'ont mis les gens d'armes à revenir au château, Géraud n'aurait pu être arrêté que juste avant ou après le départ de la matrone, donc à l'aube, et certainement pas en pleine nuit. Mais il y a plus : la prétendue Bertille, qui a pris grand soin de dissimuler son visage, était vêtue d'un mantel doublé de zibeline, fourrure réservée aux nobles. Lorsqu'elle a apporté le panier de vivres, elle portait des gants de peau bleu pâle et des souliers de cuir fin de même couleur, ce qui en raison de la saison, prouve qu'elle est venue à cheval, ce qu'une simple dame de compagnie n'aurait pu faire.

Marguerite de Hautmont a voulu se racheter une « virginité » en faisant accuser un homme de viol et en le tuant d'affreuse façon afin qu'il ne puisse clamer la vérité en place publique.

Jacques d'Hautmont, terrassé par la vérité au sujet de sa fille, obtiendra un procès discret par respect pour son nom. Marguerite sera condamnée à la décapitation, plutôt qu'à être enfouie vivante, ainsi que son rang le lui permet.

Les codes vestimentaires au Moyen Âge

Le Moyen Âge imposait que l'on puisse reconnaître le rang et parfois l'occupation des gens par leurs vêtements. Ainsi, les prostituées devaient porter des couleurs criardes et des vêtements indiquant sans équivoque leur profession. Les fourrures luxueuses (lynx, zibeline, vair, etc.) étaient réservées aux nobles, les autres se contentant de loutre, lapin, mouton, etc.

Une journée presque parfaite

Alors qu'il évoque le plantureux repas servi au *Renard Bleu* devant le père Odet, Hugues de Lermogis se rend compte qu'il n'a jamais croisé Sidonie, la sœur cadette de Muguette, depuis son arrivée, alors même qu'il loge à l'auberge. En raison de la rapidité du service, il est certain que la jeune femme aidait l'aubergiste en cuisine, comme à l'habitude. Pourtant, Muguette a menti en prétendant que sa sœur était alitée. Elle ne voulait surtout pas que le bailli la rencontre.

Il pénètre à nouveau dans l'auberge, où presque toutes les tables sont maintenant occupées. Un sourire vissé aux lèvres, Muguette lui demande :

– Encore une p'tite faim, messire ?

– Non, plutôt une grosse curiosité. Je vous suis en cuisine.

La grande femme lourde retient un soupir désolé. Elle ne peut que s'exécuter et le précède.

Contrairement à son aînée, Sidonie est sans doute une des plus belles femmes qu'ait rencontrée Lermogis. Jeune, élancée, avec d'épais cheveux frisés qui dépassent de son bonnet.

– Il ne s'agissait pas d'une altercation au sujet du paiement d'un repas, n'est-ce pas ? demande-t-il d'un ton doux.

Le magnifique regard noisette de Sidonie se brouille de larmes. Muguette crache entre ses mâchoires crispées de rage :

– Non ! Ce vaurien, cet'ordure l'a brutalisée et prise dans la cuisine pendant que j'étais absente, sans quoi, j'lui aurais fracassé le crâne ! Elle saignait du nez ! Il l'avait frappée pour qu'elle cesse d'se défendre et parce qu'il aimait la brutalité !

– C'est moi qui l'ai tué ! lance Sidonie.

Le bailli détaille sa silhouette mince, ses muscles fins en hochant la tête, dubitatif.

– Vous pouviez le dénoncer, rétorque-t-il.

– À qui ? À lui-même ? C'est lui qui rendait la justice ici ! explose Muguette. C'est moi que j'l'as tué et que j'lui as tranché les parties. Ce qu'il méritait, vu qu'il n'en était pas à son coup d'essai. Sidonie sait un peu écrire. J'l'as forcée à lui faire parvenir un message où elle disait que, finalement, elle regrettait de s'être défendue et qu'elle le rencontrerait volontiers en forêt. Sauf que c'était moi qui l'attendais.

– Et les… euh…

– Ses couilles ? Aux cochons, ça valait pas mieux ! balance l'aubergiste d'un ton féroce.

D'autres dépositions de femmes, voire de très jeunes filles, corroborèrent les dires de l'aubergiste. À l'évidence, Charles d'Effaire prenait de force ce qu'il convoitait. Les deux sœurs sont jugées. Sidonie est relâchée. Muguette est condamnée à cinquante coups de fouet en place publique et quatre ans de prison. Une sentence très clémente qu'elle doit aux nombreux témoignages en sa faveur, notamment celui du père Odet et, plus inattendu, celui de Marie d'Effaire, que son veuvage a l'air de revigorer.

Droit de cuissage ou de jambage

Le fameux droit de cuissage est un mythe, surtout propagé au XIXe siècle, bien qu'on en trouve quelques mentions au XVIIIe siècle. La virginité était très importante au Moyen Âge et ce genre d'abus n'aurait jamais été toléré. On trouve, au contraire, des traces de lourdes condamnations à l'encontre de seigneurs qui ont abusé de leur pouvoir pour contraindre des femmes à l'acte sexuel.

Une célébration très arrosée

Ernestine ne dort pas assez à son goût. Ses réveils, orchestrés par son coq obstiné, sont toujours difficiles. Aussi a-t-elle de petites habitudes qui lui facilitent le matin, comme celle qui consiste à toujours ranger les clefs sur le manteau de la cheminée, pour ne pas avoir à les chercher. Or, ce matin-là, alors qu'elle prenait son petit déjeuner avec son fils, son regard a balayé la cheminée sans rien trouver : les clefs étaient sur la porte. Un oubli dû à son état de fatigue de la veille au soir, sans doute.

Néanmoins, d'autres détails l'ont alertée ensuite, sur la berge de la Berthille. Lorsqu'elle a ramassé la pierre à l'arête ensanglantée, comment se fait-il que la mousse qui la couvrait se soit trouvée en dessous, contre sa paume ? La mousse ne pousse que sur la surface des pierres exposée à la lumière du jour, comme tous les autres végétaux. La pierre a donc été soulevée pour servir d'arme, de son côté tranchant, puis reposée à l'envers pour faire accroire à un fâcheux accident. Si l'on se fie au témoignage de Sidonie, Nicol a quitté leur domicile après le repas du soir, très soûl. Il a donc dû assez vite mourir. Comment se fait-il que les écrevisses, assez carnivores bien qu'elles mangent aussi des végétaux aquatiques, n'aient pas attaqué son cadavre ? Parce qu'elles étaient déjà dans les pièges dont elles ne pouvaient ressortir. Nicol est donc mort en fin de nuit.

L'histoire se déroule dans son esprit. Bastien a réuni autour de lui son public de copains qui devaient lui servir de témoins et d'alibis. Il a feint une ivresse qui le rendait incapable de tenir debout et qui le contraignait à dormir et cuver son vin à *La Grenouille Sourde*. Un peu comme Murielle, mais pour des raisons beaucoup plus inavouables, la pauvre fille cherchant juste à gagner de quoi vivre. Profitant de ce qu'Ernestine et son fils dormaient, Bastien est sorti. Comment a-t-il convaincu son père, très lourd, donc peu transportable, de se rendre sur les berges de la Berthille, Ernestine l'ignore, mais le bailli le découvrira. Bastien a frappé son père puis l'a poussé dans la rivière. Il est rentré à l'auberge mais a oublié de reposer la clef sur le manteau de la cheminée après avoir refermé derrière lui.

Bastien est arrêté. En dépit des menaces et des pressions, il n'avoue rien. Ce n'est que lorsqu'on lui apprend que Sidonie est morte après s'être tranché les veines des poignets qu'il parle, dévasté. Il l'aimait tant, depuis si longtemps ! Elle portait son enfant. Elle était son rayon de soleil, sa raison de vivre, un charmant petit oiseau qu'il devait protéger. Son père était un porc, un porc gentil, mais un porc quand même, qui cocufiait sa jeune épousée, sans même se cacher. Sidonie cachait ses larmes d'humiliation. Elle répétait qu'elle avait eu de la chance de ne pas finir puterelle ou servante de couvent, qu'un homme ait accepté de l'épouser alors qu'elle était sans le sou.

La prostitution au Moyen Âge

Bien que réprouvée par l'Église, elle était assez bien tolérée. Les canonistes admirent au XIIIe siècle qu'elle n'était pas « immorale » si les femmes l'exerçaient « par nécessité et sans en tirer de plaisir ». Les prostituées devaient rester dans certains quartiers des villes et être habillées de façon distinctive afin qu'on ne les confonde pas avec les autres femmes. L'Église voyait dans le fait qu'un homme épouse une « puterelle », et la sorte de sa condition, un acte méritoire.

Toutefois, il avait fallu que Bastien tombe fou amoureux de sa frêle belle-mère pour se rendre compte de l'injustice dont elle était victime. Elle était si triste, si démunie, comment ne pas l'aimer, comment ne pas vouloir la libérer d'un vaurien qui ne comprenait pas la chance qu'il avait ? C'est lui qui a décidé d'occire son père. Sidonie n'a fait que l'encourager à « fêter » la future naissance de son enfant, affirmant qu'il était de lui. Bastien a feint de rentrer ivre de *La Grenouille Sourde*, et a entraîné son père dehors au prétexte de prendre le frais.

En dépit de la réprobation qu'elle éprouve devant ce meurtre, Ernestine récupère le court message laissé par Sidonie avant son suicide et le lit à Bastien :

« Mon bel, mon merveilleux amour, je n'aurais aimé que toi, pour l'éternité. Pardonne-moi. Ma vie n'a plus aucun sens si tu ne la peuples plus. Dieu aime les amants sincères. Nous nous rejoindrons, j'en suis certaine, tous les trois, enfin heureux, enfin libres, enfin réunis. »

Bastien Coulard marchera à l'échafaud, un sourire aux lèvres. Un sourire qui persistera jusqu'au moment où la trappe se dérobera sous ses pieds et où son poids tendra la corde.

Ce même soir, Ernestine relira pour la millième fois les lais amoureux de Marie de France et sanglotera seule dans sa chambre.

CHARADES

1. Un-Dit-Go : l'indigo.

Il s'agissait d'une teinture difficile à réussir et onéreuse. À ce titre, elle fut longtemps réservée aux vêtements luxueux.

2. Mâle-Ladre-Riz. Maladrerie, ou léproserie.

Les lépreux furent longtemps appelés des « ladres ». Puisque la maladie s'accompagne d'une insensibilisation de certaines zones, le terme a ensuite désigné au figuré une insensibilité aux malheurs des autres, puis les avares. Les lépreux furent enfermés dans des maladreries dès le XIIe siècle.

3. Lit-Ma-Son. Limaçon, c'est-à-dire l'escargot.

Il était très apprécié à cette époque puisqu'il pouvait être consommé les jours maigres.

4. Sa-Ta-Nid-Queue. Satanique.

Le Moyen Âge a eu vite tendance à voir l'œuvre du diable dans tous les phénomènes néfastes qu'il ne comprenait pas.

5. Ma-Queue-Relle (pour le jeu de marelle). Maquerelle, ou mère-puterelle.

Le plus souvent anciennes prostituées, elles tenaient les bordels, encore appelés « maisons lupanardes ». Le Moyen Âge tolérait bien la prostitution pour peu que les prostituées portent des vêtements voyants qui les distinguaient des autres femmes.

6. Un-Qui-Si-Scions : Inquisition.

Ses règles furent posées en 1199. À l'époque, la torture était interdite, il s'agissait de convaincre les « dissidents » de revenir dans le sein de l'Église catholique. C'est le pape Innocent IV qui, en 1252, autorisa le recours à la torture. Confondant sans doute avec la Sainte Inquisition espagnole, on a exagéré l'impact réel de l'Inquisition médiévale, même si les inquisiteurs terrorisaient et que certains furent, à l'évidence, de vrais psychopathes, au point que des évêques protestèrent contre leurs méfaits et que des émeutes populaires eurent lieu.

7. Est-Trappe-Ade (pour tapenade) : estrapade.

On liait les mains et les pieds du supplicié derrière le dos et on le laissait tomber de plusieurs mètres au bout d'une corde, de tout son poids.

8. Tire-Tes-Noeud : tiretaine.

Il s'agissait d'un tissu épais et robuste, d'abord de laine, puis de coton.

9. Pâle-Taux-Quai : paltoquet.

Il s'agissait d'un homme sans valeur, grossier, méprisable.

Entre sexte et none

Père Sabin a été tué la veille, un mercredi, jour maigre durant lequel on ne consomme ni viande ni produits laitiers.

Le maigre au Moyen Âge

On « faisait maigre » (on ne mangeait ni viande ni produits laitiers, etc.), les mercredis, vendredis, les veilles de fêtes, durant le Carême et l'Avent. L'Église ne s'étant jamais prononcée sur les grenouilles et les escargots, la consommation de ces aliments était autorisée durant les jours maigres. Étant bien moins chers que le poisson de mer, on les trouvait sur toutes les tables.

Or, le panier de restes qu'elle a trouvé dans la cuisine du prêtre renfermait des croûtes de fromage et une couenne de lard, preuve qu'il s'agissait des vivres du mardi. Sabin était bien vivant mercredi matin. Pourquoi la novice chargée de ses paniers quotidiens ne lui a-t-elle pas déposé, peu avant de rejoindre le réfectoire, celui du mercredi, jour maigre, dans lequel il y aurait eu du poisson fumé ? Parce qu'elle savait qu'il était mort et n'en aurait nul besoin. Blanche se souvient de la ravissante jeune fille, âgée tout au plus de quinze ans, qui lui a demandé d'aider à la préparation des tartes blanches prévues pour le lendemain. Angélique.

Mme de Milorand est atterrée. Elle sent pourtant que le raisonnement de Blanche est juste et convoque, en discrétion, la jeune Angélique. Celle-ci fond en larmes dès qu'elle pénètre dans le bureau et s'accuse du meurtre. Ce vaurien de père Sabin l'avait violée à plusieurs reprises alors qu'il était prêtre du village et l'avait forcée à des actes bordeleux durant des mois.

Le monastère était aussi un refuge à ses yeux, d'autant que, par la faute de ce porc, elle était déshonorée. Lorsqu'elle l'a vu arriver entre leurs murs afin d'y terminer sa vie, elle en a fait des cauchemars. Il se souvenait d'elle et, le lundi, alors qu'elle entamait sa semaine de cuisine en lui portant son panier, il a tenté de la contraindre à des choses répugnantes.

– Il a remonté sa robe et s'est… Enfin, avec la main… Je me suis sauvée, explique la jeune fille d'un ton haché. Il a recommencé mardi, en me menaçant de vous révéler mes « turpitudes » si je n'obéissais pas, madame ma mère. Mercredi… j'ai foncé à l'abbatiale. Profitant de ce qu'il était seul, je l'ai frappé et frappé…

– Avec quel objet ? demande Blanche qui ne croit pas à sa culpabilité.

– Une doloire que j'ai trouvée non loin du bouquetier.

Blanche, sous l'œil surpris de l'abbesse, récupère sur le grand bureau, la boule de granit poli que leur mère utilise en presse-papiers.

– Je ne me souviens pas vous avoir vue quitter la cuisine peu avant sexte. Entre sexte et none, nous étions assises non loin l'une de l'autre au réfectoire.

– Vous étiez… très absorbée par votre repas, ma sœur, et n'avez pas remarqué mon absence…

Soudain, Blanche lui lance la boule, que l'autre, un air sidéré sur le visage, pare de la main.

Blanche exige d'un ton doux :

– Il faut nous dire la vérité, Angélique ! Vous ne l'avez pas tué.

– Si ! Et je ne le regrette pas. Il était une injure crachée à notre Sauveur.

– Vous avez le même regard que ce jeune jardinier, Luc. Est-il gaucher ?

– Ce n'est pas Luc ! crie Angélique, paniquée. C'est moi, je le jure devant Dieu !

Luc est appelé devant Mme de Milorand. Il est en effet gaucher. L'empreinte des doigts sanglants sur la face gauche du manche de la doloire l'a trahi. Elle aurait été inverse dans le cas d'un droitier. Il nie d'abord en bloc, puis avoue lorsque l'abbesse lui apprend que la jeune novice s'accuse du meurtre et qu'elle finira au gibet. Les larmes aux yeux, il confesse :

– Après la mort de not'père, j'étais chargé de protéger ma petite sœur Angélique. J'ai manqué à mon devoir quand cette ordure l'a troussée, exigeant d'elle des… privautés de puterelle rémunérée. Elle avait huit, neuf ans ! Prêtre impie ! J'étais heureux qu'elle soit à l'abri ici… et puis…

– Et puis, nous avons fait entrer le serpent dans nos murs, murmure l'abbesse, défaite. Luc… Sabin le dévoyé sera enterré par nos soins en terre non consacrée, à l'extérieur de l'abbaye. On lui ôtera sa robe, il l'a déshonorée. Quant à vous… j'affirmerai que j'ignore où vous vous trouvez et que vous n'avez aucun lien de famille avec Angélique. Je vous donne trois jours pour fuir et vous remettrai une bourse pleine qui vous aidera… Ne revenez jamais dans les parages. C'est la mort qui vous attend. Dieu vous garde…

Blanche, qui n'a pipé mot, ne peut retenir ses larmes devant tant de justice et de grandeur d'âme.

– Je pense que Dieu me pardonnera, poursuit Mme de Milorand. Quoi qu'il en soit, je vous ordonne le silence, Blanche, et assumerai toutes responsabilités et conséquences face à notre Créateur.

– Mon bonheur est mon honneur de vous servir et de vous obéir, madame ma mère.

– Nous ne mentirons pas davantage aux autres, qui comprendront lorsque la tombe de ce dévoyé sera creusée en plein bois. Nous nous contenterons d'affirmer que Sabin fut occis par un serviteur laïc qui a disparu et dont nous ignorons tout. Informez-en, de grâce, Angélique. Cette enquête est close. Nul n'y reviendra.

Par-delà la mort

Interrogée, pressée par François de Liruval, Clotilde répète pour la dixième fois les circonstances de sa macabre découverte. Il la harcèle de questions sèches auxquelles elle répond, un peu apeurée : oui, l'aumônière était bien pendue à la ceinture de la cotte lorsqu'elle a trouvé la dépouille de Mme Béatrice. Non, elle n'a vu aucun mantel, surtout pas doublé de fourrure, elle l'aurait remarqué. Non, elle ignore pourquoi une dame de qualité, chevauchant en plein mois de novembre, ne serait vêtue que d'une robe de soie.

À la dernière question du seigneur, elle s'interrompt, fouillant ses souvenirs, certaine que la solution jaillira de sa mémoire et qu'elle ne peut se permettre une faute : non, elle n'a vu aucune empreinte de pas, hormis celles de Mme Béatrice, ni même de sabots dans la terre détrempée, alentour du cadavre. Pourtant, elle hésitait sur la conduite à tenir, tête baissée, les yeux rivés au sol.

– Bien.

C'est la conclusion que lâche François de Liruval, avant de chevaucher en direction de la grande ferme des Villemont.

Sommé de s'expliquer, Évrard tergiverse :

– Vous n'allez pas aimer ce que je vais vous conter, messire.

– La peste soit de vos hésitations, monsieur ! Ma sœur est morte. Je… Ma réputation de faiblesse à son égard est… justifiée. Toutefois, je la connaissais. Car, c'est bien de cela qu'il s'agit, n'est-ce pas ? Béatrice ne supportait aucune opposition, aucune contrainte.

– Ah ! C'était il y a un an, commence le beau jeune homme séduisant. Je chassais. Béatrice m'a rejoint…

– Elle s'est offerte ?

– En effet. Elle s'est… dénudée… Je… suis homme…

– Qui ne l'eut été à votre place, admet François.

– En bref, au fil des mois, nous nous rencontrâmes dans le plus grand secret. Je tiens à préciser que votre sœur n'était plus pucelle. Depuis longtemps, de son aveu même. Je n'avais donc pas à… réparer un émoi charnel dont j'aurais été l'instigateur.

– Et ?

– La chair se lasse… Surtout lorsqu'elle n'est soutenue par rien d'autre.

– Vous n'aimiez pas Béatrice ?

– Non. Cependant, jamais je ne lui ai donné à penser le contraire, précise Évrard. Je la trouvais fort plaisante. Sur mon honneur et ma foi. Béatrice… enfin… tout l'avait porté à penser qu'elle était irrésistible et que le moindre de ses souhaits ou de ses caprices devait être exaucé.

– Ma très grande faute, admet le seigneur de Liruval d'un ton défait.

– Trop chérir une petite sœur est-il une faute, seigneur ? Quoi qu'il en soit, j'ai rencontré à Angers une ravissante, intelligente, amusante et pieuse jeune fille dont je suis tombé en vif amour. Nos épousailles sont fixées.

– Et vous l'avez avoué à Béatrice.

– Il n'eut pas été honorable de le taire. Profiter des charmes d'une dame en lui cachant une future union eut été d'une rare scélératesse.

– En effet… je suppose que ma sœur l'a fort mal pris.

– Hum… elle m'a giflé et insulté, privilège de dame en pareilles circonstances. Hors d'elle, sanglotant, elle m'a menacé des pires représailles. Je n'y ai guère porté attention. Il s'agit de manifestations de nerfs, somme toute compréhensibles. Je… je souhaitais vous répéter à quel point son meurtre immonde me blesse. Mon bras, mon arme sont les vôtres pour punir la crapule, le voyou, le sans-honneur qui lui a fait subir ce sort funeste.

François de Liruval le détaille. Une larme dévale de sa paupière, qu'il ne sent pas. D'une voix d'outre-tombe, il déclare :

– Ce ne sera pas nécessaire, monsieur. Ma reconnaissance et mon respect.

Lorsqu'il remonte sur selle, François sait que Béatrice s'est suicidée dans un moment de dépit amoureux, de fureur, d'humiliation, de folie. Elle a mis en scène un viol, afin de faire payer Évrard pour son désamour. C'est elle qui a dérobé le couteau à manche d'argent qui devait faire accuser son ancien amant. Mais en coquette, elle n'a pas voulu souiller sa belle cape doublée de loutre en se poignardant. Elle l'a donc laissée dans sa chambre. Elle a également oublié les empreintes de pas et de sabots qui auraient dû entourer son cadavre. Elle ne pouvait pas avoir Évrard dont elle était folle amoureuse ? Aucune autre ne l'épouserait, et elle allait y veiller, par-delà la mort.

Une femme triste

Une force implacable, impitoyable s'empare d'Émeline Bourgeot au moment où elle referme la porte derrière Arnaud Mangin. Elle comprend soudain ce que le secrétaire du seigneur de Mardey, sans doute envoyé par son maître, a voulu lui dire plus tôt, sur le marché. Sans doute la cherchait-il. Elle se souvient de la façon dont cet homme, à l'évidence timide, l'a fixée.

« Euh… Le cheval de feu votre époux se porte bien. Je sais… enfin je connais les circonstances de sa vente… Le seigneur de Mardey l'a racheté. Au début, il s'en méfiait et a tenu à le monter. Et puis, l'animal est apparu si doux et docile, si calme qu'il l'a offert à sa fille cadette, âgée de neuf ans. »

Le seigneur a confié sa fillette au cheval, preuve qu'il jugeait l'animal assez placide pour ne jamais s'emballer. D'autant qu'avec une selle de femme à un seul étrier et un pommeau à peine surélevé[1], la moindre nervosité de la monture risque de désarçonner la cavalière. Jamais le seigneur de Mardey n'aurait pris ce risque. En d'autres termes, François n'a pas été jeté à bas par l'animal, d'autant qu'il était excellent cavalier. Quelqu'un est donc intervenu pour le faire choir, d'une façon ou d'une autre, et l'achever d'un coup de pierre asséné sur le crâne. Quelqu'un qu'il connaissait, car François n'était pas pleutre et savait se défendre.

1. Les selles d'amazone avec fourches ne naîtront que bien plus tard. La selle du Moyen Âge, après l'antique sambue, exigeait une cavalière émérite et un cheval particulièrement paisible.

Émeline ne sait pas ce qui l'emporte chez elle de la fureur, de l'envie de vengeance ou du chagrin. Son mari a été assassiné.

Par qui ?

Ce Bernard Lafleur, premier commis des merceries ? A-t-il volé durant des années François ? Celui-ci, s'en apercevant soudain, l'a-t-il menacé d'aller trouver le bailli ? L'autre, affolé, cherchant à couvrir son forfait, en a-t-il perpétré un autre, inexcusable celui-là ?

Même raisonnement avec Gastien Lormay, l'intendant du domaine, dont elle ne doute pas qu'il arrondit ses émoluments grassement et dont elle a pu constater le tempérament sanguin et emporté.

François, mon bel, mon merveilleux amour, serais-tu mort pour quelques dizaines de deniers ?

L'idée si stupide, si inacceptable, la fait fondre en larmes. Elle tire à nouveau le mouchoir brodé d'une tête de chat et l'approche de ses yeux. Une brutale révélation la fige.

Comment Arnaud Mangin a-t-il reconnu le matou tigré roux et blanc sur son mouchoir ? Comment sait-il qu'on a brisé le col de Crème ? Il était prétendument en mer à cette époque, n'étant rentré que quelques semaines après le trépas de François. De plus, il évitait avec soin tout contact avec le couple Bourgeot.

Hugues de Lermogis, bailli, écoute avec attention Émeline. Le calme glacé de la jeune femme l'impressionne puisqu'il est au courant de son désespoir de veuve. Émeline Bourgeot n'a pas la réputation d'être une exaltée faiseuse d'embrouilles, aussi est-il troublé par ses dires.

– Vous pensez que Mangin a occis le chat et assassiné votre époux ? Pourquoi ?

– Par jalousie, afin d'éliminer tous les êtres que j'aimais et qui, selon lui, m'écartaient de son amour. Je pensais que… que ses voyages en mer lui permettraient d'oublier, de passer à autre chose, mais il vient de me proposer à nouveau le mariage.

Lermogis exige qu'on lui remette les journaux de bord des navires de Mangin couvrant les quatre dernières années. Arnaud Mangin n'y est plus mentionné comme capitaine, ni même dans l'équipage d'aucun et ceci depuis deux ans et quatre mois. En d'autres termes, et contrairement à ses dires, il était de retour sur la terre ferme avant la mort du chat et le décès de François.

Arnaud Mangin est convoqué dans la salle de travail d'Hugues de Lermogis : il nie tout en bloc. Certes, il était bien de retour, mais n'a commis aucun acte aussi monstrueux. Émeline Bourgeot qui patientait dans l'antichambre entend ses dénégations, ainsi que le souhaitait le bailli. Livide, elle pénètre dans le bureau et gifle Mangin en déclarant d'une voix haineuse :

– Je vous exècre à jamais pour le meurtre de mon mari et vous méprise pour celui de Crème. Vous m'offensez la vue, vaurien, maudit !

Lermogis ne dispose d'aucun élément de preuve contre Mangin, et doit le laisser repartir.

Deux jours plus tard, Arnaud Mangin est retrouvé pendu dans les combles de sa demeure. Dans une courte missive déposée sur sa table de travail, il avoue le meurtre de François Bourgeot et demande pardon à Émeline, « son unique raison de vivre ou de mourir ».

Une inacceptable vérité

Sylvette reproduit le mouvement qu'elle a eu lorsqu'elle a régurgité. On se penche instinctivement vers l'avant dans ces cas-là, pour faciliter l'émission et tenter d'épargner ses vêtements. Or il n'y avait aucune trace de vomissures sur le sol en lattes de bois cru des combles. Hermione avait donc vomi ailleurs. En soi, la chose n'indique pas un crime. Cependant, elle revoit le court message laissé par sa sœur.

Je ne puis croire que ce sort affreux, qui m'ôte le goût du dormir et du manger, soit une punition de Dieu, elle serait trop injuste. Toutefois, c'est une telle épreuve que l'envie de persister s'amenuise en moi. Votre pardon

« Pardon » est le dernier mot du message, inscrit en bout de ligne. Pourtant, il n'est pas suivi d'un point. La feuille a été coupée juste sous la dernière phrase, ce qu'elle a mis au compte d'une habituelle économie de papier. Sa sœur n'a pas parlé d'« envie de vivre » mais écrit que « l'envie de persister s'amenuisait en elle ». De persister dans quoi ? Pourquoi cette formulation vague ?

Déboussolée, Sylvette va se confesser auprès de leur vieux prêtre qui lui paraît tendu, une attitude inhabituelle. Elle lui avoue avoir exigé de Pierre qu'il descende le cadavre de sa sœur suicidée afin qu'elle soit enterrée en bonne chrétienne. Alors qu'elle s'attend à une verte remontrance de sa part, il murmure, presque soulagé :

– Je comprends votre réaction, même si elle est critiquable. Aussi… pas de pénitences. Toutefois, il faut que vous alliez vous confier au secrétaire du bailli.

En sortant de l'église, Sylvette ne comprend pas très bien la raison de ce conseil, mais s'exécute. Les questions précises du secrétaire l'intriguent jusqu'à ce qu'une certitude se forme peu à peu dans son esprit : sa sœur a été assassinée. En effet, le secrétaire du bailli demande :

– Décrivez-moi la face de madame votre sœur lorsque vous la découvrîtes.

– Très pâle. Les yeux clos.

– La langue était-elle protruse ?

– Pardon ?

– Sortait-elle de la bouche ?

– Non pas, et sa bouche était entrouverte.

– Et donc, elle avait abondamment vomi sur le devant de sa robe, sans trace au sol.

– Oui da.

– Lorsque vous avez tranché la corde afin de la dissimuler, dans quel état était le cou de Mme Hermione ?

– Euh… Ma foi, il portait la trace légère de l'endroit où la corde l'avait serré.

– Donc, pas d'épais bourrelet violacé, pas de profond sillon ?

– Non.

– Elle était donc déjà morte avant d'être pendue.

Le secrétaire, qui a une longue expérience des meurtres déclare, d'un ton désagréable :

– Votre crainte légitime que votre sœur soit excommuniée a rendu un fier service au meurtrier ! Je gage que le prêtre connaît son identité au travers d'une confession. Il ne pouvait en faire état, bien sûr, mais vous a conseillé de me venir tout raconter. Ne répétez rien de notre discussion, à personne. J'enquête.

Son enquête sera brève. Pendre une femme morte, même mince, exige une force physique non négligeable. Lorsqu'une vieille dame, cliente assidue de l'apothicaire lui déclarera qu'elle a été surprise de trouver l'officine fermée le matin du décès d'Hermione, les pièces se mettront en place. D'autant que la première épouse de Pierre est morte d'une fièvre de ventre, après une fausse couche.

Interrogé de façon brutale, ainsi qu'il se pratique souvent, Pierre Longuin finit par avouer. Il a empoisonné ses deux femmes à l'aconit, un poison dont l'action mortelle est assez rapide, et qui provoque des vomissements.

L'ACONIT, ACONITUM NAPPELLUS

Cette espèce de l'aconit est la plus toxique. L'aconit a été utilisé dès la plus haute antiquité comme poison pour enduire des flèches destinées aux gros animaux, c'est dire son extrême toxicité due à l'un de ses principes actifs : l'aconitine. La toxicité se manifeste par des engourdissements, des vertiges, des vomissements, des diarrhées et des perturbations cardiaques qui conduisent à la mort. Les médecines traditionnelles, notamment chinoise, y ont souvent fait appel comme anticongestif, analgésique, antinévralgique, etc.

La raison de ce meurtre ? Longuin, qui sait qu'il va être condamné à mort, n'hésite pas à la confier, d'un ton assez détaché : rien à voir avec leurs difficultés d'enfantement. Simplement, il se lasse très vite des femmes et entretient d'ailleurs plusieurs maîtresses, mais il faut bien être marié !

Pierre Longuin est pendu en place publique.

L'ENHERBEMENT

On appelait ainsi l'empoisonnement criminel, les empoisonneurs étant des « enherbeurs ». Il s'agissait, au Moyen Âge, du crime de sang le plus impardonnable et donc systématiquement puni de mort en raison de sa sournoiserie mais également de la terreur qu'il inspirait, puisqu'on n'avait guère de moyens de s'en protéger en l'absence d'antidote aux différents poisons.

Sylvette accouchera d'un beau garçon que l'on prénommera Rubin, parce qu'il ne faut pas faire porter aux nouveau-nés nos chagrins de deuil, ainsi que le décidera avec sagesse Bernard.

Vertu découragée

Robert a précisé que Géraldine, chaussée de sabots, s'était dirigée vers la porte pour aller prévenir le bailli. Or on ôte en général ses sabots à l'intérieur, ne serait-ce qu'en raison du bruit qu'ils produisent sur un carrelage, mais aussi parce que leur semelle de bois glisse. Ce détail sous-entendait que Géraldine avait mis à profit l'évanouissement de son beau-frère pour se chausser, se précipiter dans l'atelier et assassiner son mari, puis revenir précipitamment dans la maison et s'occuper de Robert, toujours inconscient.

Mais la ruse de Robert a échoué parce qu'il ignorait que Sébastien était revenu après le départ de Géraldine pour la bourgade et qu'il avait trouvé Éloi au sol, encore vivant.

C'est donc Robert, qui profitant de l'absence de Géraldine, est allé achever son frère.

Robert résiste quelques heures, criant son innocence. Hugues de Lermogis se fait menaçant : au-delà du meurtre, il a tenté de faire accuser sa belle-sœur qui vient d'avoir un enfant. Le bailli annonce d'un ton mauvais :

– Je vous avais prévenu : je ne pardonne jamais à ceux qui me trompent. Vous faisiez d'une pierre deux… non, trois coups ! Vous vous débarrassiez de votre frère dont le moins qu'on puisse dire est qu'il vous exploitait. Une fois votre belle-sœur condamnée à la peine capitale, vous récupériez la tonnellerie et vous gardiez la totalité des écus d'or.

Robert s'écroule. Il avoue : il ne voulait pas tuer Éloi, du moins pas sur le moment. Et puis, après son évanouissement, tous ses souvenirs ont déferlé. De fait, Éloi a toujours profité de lui, ne lui laissant que quelques miettes et attendant en retour sa reconnaissance éternelle. Tout cela parce que ce gros pourceau fainéant avait deux ans de plus que lui !

Sur ordre de M. de Lermogis, Robert Bonfils est pendu, pas tant parce qu'il a tué un tyran dans un moment de colère que parce qu'il a tenté d'envoyer Géraldine à l'échafaud.

Un rêve abandonné

Un silence pesant s'installe. Agnès, dont les reparties cinglantes sont fréquentes, le rompt :

– Discuter de quoi ? Je vous trouve bien outrecuidante pour une toute jeune moniale !

– Je ne cherche qu'à vous aider. Notre mère a décidé que le mieux pour nous toutes était d'élever Jutte entre nos murs et… de laisser courir la fable qu'elle fut abandonnée par une pauvre femme du village.

– Ah ça ! N'est-ce point le cas ? contre-attaque la sacristaine.

– Non, et vous le savez très bien. Notre mère s'apprête à commettre une faute, laisser un mensonge enfler, à seule fin de nous protéger et de sauver la mère de Jutte, qui serait expulsée du couvent. Pour cela, elle mérite notre reconnaissance et notre aide.

Face au silence compact des deux autres, elle poursuit :

– Jutte était propre, nourrie et parfumée à l'eau de chèvrefeuille. De plus, il n'y avait aucune empreinte de pas ni de sabots dans la neige en direction du village. En d'autres termes, le bébé est né chez nous. Marie-Thérèse, je crois me souvenir que le laurier-tin est une arme souveraine des vergers contre certains insectes ? Vous en avez d'ailleurs planté pléthore. J'ai retrouvé une ombelle coincée dans le lange de Jutte. J'ai d'abord pensé à Barbe, qui utilise les baies de l'arbuste comme purgatif et prépare des décoctions de chèvrefeuille. Mais Barbe connaît des recettes de simples afin de ne pas concevoir. Il en existe de très efficaces. De plus, je la vois mal céder à une envie sensuelle.

La frêle gardienne des vergers baisse la tête, des sanglots secouant ses épaules.

– Je ne vous demanderai pas le nom du père, poursuivit Blanche d'un ton amical.

– Peu importe, murmure Marie-Thérèse, entre ses larmes. Il s'agissait d'un des hommes de peine que nous employons parfois, notamment pour les plantations et les récoltes ou pour réparer un bâtiment. J'ai eu si tort, tellement tort, mais il était beau, rieur, charmant et… je voulais une fois dans ma vie… connaître un homme doux, caressant. Je prie chaque jour depuis, pour que Dieu me pardonne ma faiblesse.

– Quel âge a Jutte ?

– Un peu plus d'une semaine.

– Je m'explique que vous soyez parvenue à dissimuler votre grossesse. En revanche… accoucher en discrétion dans un monastère tel que le nôtre, puis allaiter et laver un bébé sans vous faire remarquer exige des complicités, souligna Blanche. D'autant que je suis certaine que mon rêve a été alimenté par des réflexions, des allusions subtiles que je n'ai pas comprises sur le moment mais qui ont fait leur chemin dans mon esprit. Or je ne vous ai pas parlé depuis une semaine, Marie-Thérèse.

– Sur ma foi, je ne vous révélerai rien, se rebiffe la petite femme. J'ai péché seule, je paierai seule.

– Je l'ai aidée ! gronde Agnès. Jutte a été cachée ici durant une semaine. C'est un endroit chauffé, nulle n'y pénètre sans mon autorisation, et nous nous relayions Marie-Thérèse et moi, jour et nuit, afin de nous occuper de l'enfant.

– Et elle a accouché dans le bâtiment qui abrite mes potions et onguents, grâce à mes soins experts ! tonne une voix derrière elles. Voilà de quoi clouer le bec à celles qui prétendent que je suis incapable de guérir un furoncle !

Poings sur les hanches, la mine belliqueuse, Barbe se tient sur le pas de la porte.

D'autres surprises attendent Blanche, lorsqu'elles sont toutes reçues dans le bureau de l'abbesse.

Irène, l'infirmière, et Aline, la fournière, font partie du complot et se dénoncent. Mme de Milorand a un peu la sensation que le ciel lui tombe sur la tête lorsqu'Irène se justifie :

– Certes, il s'agit d'une faute… Toutefois, un bébé est-il jamais une véritable faute ?

Quant à Agnès et à Aline, elles évoquent leur constante inquiétude au sujet de ce qu'il avait pu advenir de leur ancienne sœur, expulsée du couvent après avoir accouché.

Le mot de la fin, il fallait s'y attendre, revient à Barbe, qui déclare d'un petit ton désagréable :

– Vous croyez que je n'entends pas les vilenies qui se colportent sur mon incapacité à guérir ? Eh bien, preuve est faite que je sais accoucher une femme et lui éviter ces infections si fréquentes après la délivrance !

Des serments de secret sont échangés. Marie-Thérèse et son bébé resteront entre leurs murs, à la satisfaction générale.

Testez vos connaissances sur le Moyen Âge !

1. c) Philippe IV (1268-1314).

Philippe II Auguste vécut de 1165 à 1223. Philippe III le Hardi de 1245 à 1285. Philippe V, fils de Philippe le Bel, de 1294 à 1322.

2. b) Faire des fausses promesses.

3. c) En 1215 par le concile du Latran.

4. d) Louis IX (1214-1270).

Il fut canonisé en 1297 par le pape Boniface VIII sous le nom de Saint Louis. Louis VI le Gros vécut de (approximativement) 1081 à 1137. Louis VII le Jeune de 1120 à 1180. Louis VIII le Lion, père de Saint Louis, de 1187 à 1226.

5. b) Esconces.

On retrouve l'origine du mot dans le mot anglais « sconces », qui désigne aujourd'hui les appliques murales dans lesquelles sont vissées les ampoules électriques et, avant elles, les bougies.

6. c) Un artisan qui enlevait la bourre des tissus de laine.

Les tondeurs, artisans peu payés, tondaient les draps de laine après le foulage et la teinture. Les tissus de luxe étaient tondus jusqu'à quatre fois pour enlever la bourre. Les autres, une à deux fois. Le terme fut ensuite généralisé aux gens qui tondaient les moutons et également aux élagueurs.

7. c) Une tranche de pain rassis servant d'assiette.

La vaisselle individuelle était rare au Moyen Âge. On servait les mets sur une tranche de pain rassis, le tranchoir, que l'on jetait aux chiens lorsqu'elle était imbibée de jus de viande ou de poisson.

8. b) c) et d) Un domestique employé dans un vaste demeure ou une ferme, Un jeune homme de l'aristocratie, compagnon d'un baron et Un salarié qui tenait une boucherie ou une poissonnerie.

Le valet fut d'abord un jeune aristocrate, compagnon d'un baron. Il fut ensuite un employé des bourgeois ou artisans, qui investissaient dans des fonds de commerce, pour tenir le magasin, et un dosmestique de ferme, de demeure, etc.

9. c) Un cheval de guerre.

Le destrier (mot de la même famille que « dextérité ») était un cheval de guerre, puissant, dressé à ne pas avoir peur du combat, du vacarme et des mêlées. Animal précieux, il était mené à la main droite (dextre) par un écuyer et n'était pas monté lors des transports.

10. d) Le mercredi, le vendredi et le samedi.

Outre les mercredis, vendredis et samedis, les veilles de fêtes et les quarante jours du Carême et de l'Avent (sauf les dimanches) étaient maigres.

11. a) Le mariage ou le concubinage des clercs.

Le nicolaïsme ou mariage (ou concubinage) des clercs fut assez bien toléré jusqu'au Xe siècle, puis vivement interdit.

12. c) et d) Un voisin agréable et Un parrain.

Le compère (de « père » et tout comme la commère vient de « mère ») fut d'abord le parrain (ou la marraine) d'un enfant, pour devenir, assez vite, un voisin agréable à fréquenter.

13. c) 1532.

Le sort de la Bretagne avait été soumis aux unions matrimoniales et aux successions hasardeuses. Après la mort de Claude (en 1524), fille de la duchesse Anne et épouse du futur François Ier, c'est son fils, le futur Henri II, qui hérita du duché et œuvra à sa réunion définitive avec le royaume.

14. b) Un artisan qui teignait les draps de laine et la toile.

L'ongle-bleu teignait la laine et la toile à façon, pour un marchand. Il s'agissait d'une corporation assez pauvre et un peu méprisée à l'époque. Ce nom leur est venu de certaines teintures qui coloraient le bout de leurs doigts en bleu.

15. a) De l'oseille sauvage.

La vinette était l'oseille sauvage. On dispose de peu de légumes au Moyen Âge, aussi les plantes sauvages étaient-elles très utilisées pour l'alimentation, comme l'oseille sauvage ou les orties.

16. d) Un chahut organisé par les proches d'un veuf ou d'une veuve qui se remariait.

Le charivari était une dérision du mariage, où l'on se moquait des veufs convolant à nouveau. On leur préparait des plaisanteries souvent obscènes, au point que l'Église tenta, sans succès, de l'interdire.

17. c) Un outil de charpentier ou de tonnelier.

L'herminette était un outil terminé d'un fer aplati large monté à angle droit du manche qui servait aux charpentiers, tonneliers et menuisiers. Le fer, souvent courbe, servait à creuser le bois afin de lui donner une forme arrondie.

18. d) Attendre indéfiniment.

« Croquer le marmot » signifiait attendre indéfiniment avant de se décider à agir.

19. c) 25 % de la population.

La Grande Peste se solda par une hécatombe puisque approximativement un quart de la population française décéda. Il y eut ensuite d'autres épidémies, moins catastrophiques toutefois.

20. a) 10 %.

À peine 10 % des adultes parvenaient à l'âge de 60 ans au Moyen Âge.

21. b) Était chargé de mesurer les bûches.

Le mouleur avait pour charge de mesurer la taille des bûches. De nombreuses réglementations existent au Moyen Âge. Des métiers furent donc créés pour mesurer, peser à peu près tout afin de décourager les fraudeurs. La tâche était d'autant moins aisée que les mesures de longueurs, de poids ou de volume variaient d'une région à l'autre. Le terme fut ensuite utilisé pour les fondeurs.

22. d) L'obligation pour le seigneur de rembourser à l'un de ses hommes d'armes son cheval mort en service.

Le « restaur » ou « restor » était le droit pour un homme d'armes d'exiger du seigneur qui l'employait le remboursement de sa monture morte en service. En raison des multiples fraudes, les soldats tentant de surévaluer le prix de leur monture, Charles V (dit « le Sage », 1338-1380) finit par supprimer ce petit privilège et le remplaça par une somme versée à l'homme d'armes au moment de son engagement.

23. a) Un impôt spécifique payé par le serf au seigneur.

Le chevage était l'impôt que devaient les serfs (non-libres) à leur seigneur. Bien que d'un montant modeste, quelques symboliques deniers parisis, il était détesté puisqu'il soulignait le fait qu'un être « appartenait » à son seigneur.

24. c) Un instrument de musique à corde à sonorité grave.

La rubèbe était un instrument à deux cordes et archet, donnant des sonorités graves. On considère qu'il s'agit de l'ancêtre de la viole de gambe et du violoncelle.

25. b) Un tabouret à pieds ou plein.

Le quarrel était un tabouret recouvert d'une étoffe ou d'un coussin, muni de pieds ou plein. Il pouvait servir à s'asseoir ou comme repose-pieds.

Dans la même collection :

25
ÉNIGMES
CRIMINELLES
de Hélène Amalric
MENEZ L'ENQUÊTE !
MARABOUT

Imprimé en Allemagne par GGP Media GmbH
pour le compte des éditions Marabout.
Dépôt légal : Février 2012
ISBN : 978-2-501-07681-4
41.0427.9
Édition 01